Bärbel Wolfmeier wurde 1966 in Flensburg geboren und lebt in Dithmarschen. Die fünffache Mutter und Pferdenärrin schreibt Lyrik und Kurzprosa, die sie auf vorwiegend norddeutschen Bühnen präsentiert. Veröffentlicht wurden ihre Texte bisher in vielen Anthologien, sowie in eigenen Büchern im Quickborn-Verlag und Groh-Verlag. Für den NDR schrieb und sprach sie von 2014 – 2021 in der Sendereihe „Hör mal 'n beten to". Seit kurzem ist sie auch als Kinderbuchautorin und Illustratorin tätig. www.baerbelwolfmeier.de

Bärbel Wolfmeier

Geiht nich gifft dat nich

Quickborn-Verlag

ISBN 978-3-87651-503-8

Umschlagfoto: RCW, Stelle-Wittenwurth
Umschlaggestaltung: Günter Pump, Nordhastedt
Gesamtherstellung: CPI books GmbH, Leck
Der Umwelt zuliebe
auf chlorfrei gebleichtem Papier gedruckt
Printed in Germany

Inhalt

Geiht nicht, gifft dat nich!

„*Fragen kost nix*“ un „*Geiht nich gifft dat nich*“, weren de leefsten Sätz vun mien Modder. Ik heff keen Mööglichkeit hatt, dat nich to övernehmen. So wurr ut en lütt nieschierig Deern en lütt nieschierig Fru. Danke, Mama!
Gau heff ik markt: Keen fraagt, de kriggt. Keen waagt, de winnt. Un „Dat is doch en Klacks!“, wurr mien leefsten Satz.
Hier en poor lütt Fakten:
– To laat op dat Eerdbeerfeld kamen un denn den Verköper fragen (de al tosamenpacken deit) of he mi noch Togang to dat Sülvenplücken gifft ... en Klacks!
– Na dat een vun‘t Peerd fullen is, de eerste Wehdaag wegpuusten un denn wedder opstiegen, üm de sülve Öven vun‘n Frischen to rieden … en Klacks! (Man al en groot Klacks un klappt ok blots, wenn een nich eernstlich verletzt is...)
– Fröh an‘n Morgen vun Radau opwaken, wiel de Müllaffohr ünnerwegens is un du vergeten hest, de Tünnen an de Straat to stellen un denn in Nachthemd un Pantüffeln achterran rennen,

leef kieken un beden, dat se nochmal torüch kaamt üm dien Müll aftohalen … en Klacks!
– Ofschoonst fieffach swanger mit Ö50 noch Kledergrött 36 dregen … en Klacks! (Wenn ik fraagt warr, wat för en Diät ik do, of ik Punkten vun de Gewichtenoppassers tell oder Lowcarb eet, fasten do oder Sport driev, denn segg ik geern, dat dat egentlich egal is, wat een maakt. Wichtig is blots, dat een dat richtig maakt un denn … ganz wichtig: Dorbi blieven!)
Keen Wunner also, dat ik jümmers en goot Vörraat an Motivatschoonspröken un Wehdaagtabletten in 'e Tasch heff! So utrüst kann ja egentlich gor nix mehr scheef gahn... heff ik dacht un bi mien Optiker en Termin för Kuntaktlinsen utmaakt. Dat Vermeten vun de Ogen weer gau trech un ik heff mi al vörstellt, wo ik ahn Brill dat Lüttdruckte op Kosmetikartikels lesen kann. Wat för en wunnerschön Gedank!
Nu is dat mit niege Kuntaktlinsen jüst so as mit Tähnprothesen: Dat Reinmaken un dat Rutmaken mutt klappen un in' Bisien vun'n Behandler öövt warrn. Dor leeg se nu op mien Fingerdopp. Düsse lütte Schüddel ut dünn Silikon. Un schull in mien Oog. Bi lebennig Lief! Ahn Narkoos!
„Sie müssen mit einer Hand die Lider auf-

halten und mit der anderen die Kontaktlinse einsetzen“, see de Optikerin fründlich. „En Klacks, Bärbel“, heff ik mi liesen motiveert un reet de Ogen so wiet op, as dat geiht, un heel de Leden an de Wimpern mit den Finger fast. Mit den Wiesfinger vun de anner Hand heff ik gau de Lins op de Iris drückt. Zack! Binnen weren se!

„Brav maakt, Bärbel!“, lööv ik mi in' Stillen.

„Das ging doch gar nicht mal so schlecht. Und nun wieder herausnehmen! Dazu halten Sie wieder mit einer Hand die Lider offen und wischen mit dem Finger der anderen Hand die Linse in Richtung innerer Augenwinkel. Durch eine Drehung mit dem Finger im Augenwinkel klappt die Linse zusammen und lässt sich entfernen.“

Ik dee, as mi befahlen. Aver nix hett klappt. Nich dat Schuven, noch de Lins. Se hett sik nich bewegt, dat Schietding! Un wenn doch, denn fohr se foorts wedder an ehren Utgangspunkt op de Iris torüch, sodennig de Finger dat Oog verlaten hett.

„Was, wenn ich das nicht hinbekomme?“, fröög ik de Optikerin, mit mien eersten Richtsatz in‘n Sinn: *„Fragen kost nix“*.

„Dann muss ich die Linse entfernen. Raus muss sie.“, weer de knappe Anter. Un prompt

heff ik beduert, dat mien Leven vun Richtsätz formt is.
„Ne danke. Nicht nötig. Ich mach das.“, heff ik sekert. „Sie wissen aber schon, dass das bedeutet, sich selbst Gewalt anzutun“, geev ik to bedenken. De Fru, de mi bet to düssen Tietpunkt bannig sympaathsch wesen weer, tucks mit de Schullern un hett mi vull Mitleed angrient.
„Geiht nich gifft dat nich!“, reep ik mi in'n Kopp torüch. Wat schall ik seggen. Na en Reeg Versöken un een poor platzt lütt Adern in'e Ogen heff ik mi de Kuntaktlinsen sülvst ruthaalt. Du, dat Inföhren vun mien eerst Tampon in mien Jugendtiet weer en Klacks dorgegen!
De Behanneln bi den Optiker hett nix kost un ik kreeg en Probeerpacken Kuntaktlinsen mit na Huus. Vun Mal to Mal full mi dat Insetten un Utnehmen lichter, man dat Rutpulen vun so en lütte Lins weer jümmers noch swore Arbeit. Aver allens güng goot. Bet to den Avend, as en Kuntaktlins bi jüst düssen Vörgang ünner dat bövere Lidd vun mien Oog rutsch un nich mehr to finnen weer.
„Oh hauaha!“, kreeg ik en Schreck un greep na mien Handy. Dat Internet slöög vör, wenn ‘t partout nich anners geiht, to‘ n Optiker to gahn

un geev den Raatslag: „Bewahren Sie die Ruhe!“
Wiebüddewat? Roh? Wo schall ik de Roh behollen, wenn de Optiker Fieravend un mien Oog de Kuntaktlins freten hett? *Dat! Geiht! Nich!*
Schiet wat op mien Richtsätz! Du, ik heff mien Kamerdöör opreten un de Satz ropen, de mien Kerl bet dorhen blots fief Mal in mien Leven vun mi hööрt hett. Dat heet, jeedeen Mal, wenn ik in de Wehen leeg:
„Schatz, wi mööt na’t Krankenhuus!“

Ik seh, ik seh …

Dat gifft en Kinnerspeel, wat wi fröher speelt hebbt, wenn uns de Autofohrt to lang duert hett: *Ik seh, ik seh, wat du nich sühst*.
Dor muttst du raden, wat de anner sik graad bekeken hett.
Aver dat gifft ok Saken, de kann ik sehn, ofschoonst de gor nich dor sünd. Dat is jümmers denn de Fall, wenn en Wunsch de Vadder vun de Gedank is. Denn speelt mien Ogen mit mi: Ik seh, ik seh, wat dat nich gifft.
Letzt to‘n Bispeel, do heff ik en Email kregen vun en Bekannte, de is Bibliothekarin. Un in ehr Email heff ik leest:

„Herzlichen Glückwunsch, Bärbel. Dein Buch ist auf der neuen Bestsellerliste."
Do heff ik denn eerstmal Hartpuckern kregen. Un as ik mi wedder wat beter föhlt heff, keek ik mi de Email noch eenmal an:
„Herzlichen Glückwunsch, Bärbel. Dein Buch ist auf der neuen Bestsellerliste", stunn dor. Aver dat kann doch nich angahn, heff ik dacht. So hooch is doch mien Oplaag gor nich, dat dor so veel vun verköfft sünd … un de Verlag wöör mi dat doch förwiss vertellen, wenn ik op de Bestsellerlist weer.
Un butendem gifft dat to wenig Lüüd, de plattdüütsche Böker köpen. Nich mal Ina Müller hett dat op de Bestsellerlist schafft. Un de hett ja massig Fans, de Ina, un is en Late-Night-Talkerin in't Feernsehn. Ne, ne. Dor kann wat nich stimmen, mit de Email. Ik keek de noch en letzt Mal an, un – batz – stunn dor wat anners, dat weer:
„Herzlichen Glückwunsch, Bärbel. Dein Buch ist auf der neuen Bestellliste."
Okay, aha. Nu hebbt wi dat, heff ik dacht. Dat is ja ok nich slecht, aver wat ganz anners. Dor hebbt mien Ogen schöön Spijöök mit mi dreven. Bestsellerlist. Ha! Ik heff mi al bi Fru Müller in 'e Talkshow sitten sehn. Schaad, Ina. Denn warrt dat nix mit uns. Ik heff mi al freut.

Na, nu is allens as vördem un mien Hart puckert normal … solang as mien Ogen mal wedder mit mi speelt: Ik seh, ik seh …

Köh un Kortüffeln

Du, ik heff mal en Fraag: Landleven un Lyrik – passt dat tosamen?
Also, för mi passt dat supergoot tosamen, un ik finn ja ok, dat dat geern en beten mehr Poesie op Platt geven kunn ... man do heff ik annerletzt een drapen, du, de kunn dormit nix anfangen.
„Ik kumm vun Dörp!“, hett he argumenteert.
„Un? Ik ok!“, heff ik antert.
As of de Adress dormit to doon hett, of een Poesie lieden kann. Menno. Sluss mit dat Schuuvladendenken! Wi leevt in‘t 21. Johrhunnert! Wi gendern, aver keeneen weet, wo dat korrekt maakt warrt! Wegen den demografschen Wannel warrt vermoodt, dat 25 % vun de Minschen op de Welt bet to dat Johr 2100 60 Jahr oolt oder öller warrt! De Afro, de man egentlich för en Hoormood höllt, schall in dat Jahr 2028 in meist ganz Afrika as eenheitliche Währung inföhrt warrn!
Du, dor kunn doch woll ok een vun‘t Land mal

Lyrik anfaten – oder nich? De Foortgang schall leven un nich bi't Landleven ümkehren, finn ik.
„Ik kenn mi blots ut mit Köh un Kortüffeln“, hett he noch seggt.
Ok ... null Problemo. Wenn dat so is, du, denn schriev ik extra för em en Riemel över Köh un Kortüffeln.
So, mal kieken. Wat riemelt sik op Köh? Fröh, Möh, Bröh! Un op Kortüffeln riemelt sik Schüffeln, süffeln … hm … wo weer dat dormit:

To Opstahtiet, in aller Fröh
steiht mi de Sinn nich na Kortüffeln.
In'n Morgennevel graast de Köh –
man, ehr ik bi gah Mist to schüffeln
suup ik en beten swatte Bröh.
Ja, an mien Kaffe will ik süffeln.

Hurra, dat sneet!

Kennst du dat Geföhl?
Du steihst op, kiekst ut dat Fenster un kannst gor nix sehn, wiel dor op düt Fenster – so as Wull oder as de Schuum vun Beer – en dicke Schicht vun witte Snee op liggt.
Un denn maakst du gau dat Fenster op un kiekst na buten, wo allens blenkert un funkelt

un de Luft rüükt frisch un kloor, as wenn de Welt jüst boren is.
Un denn treckst du di an, geihst na buten un haalst deep Luft. Dien Footstappen sünd de eerst op de witte Eer un bi jeedeen Tritt gnirscht de Snee ünner dien Schöh as de Planken vun en ole Schipp.
Ik glööv, dat gifft nix wat schöner is as niege Snee.
Besünners bi uns an de Westküst, wo Snee sik ja echt roor maakt. Bi uns tohuus liggt de Sledens siet Johren op den Böhn un slaapt as Doornröösken in‘t Määrkenland.
Aver annerletzt weer dat sowiet! Över Nacht geev dat Snee un denn kregen wi uns olen Sleden tofaten un sünd dormit dör de Straten vun uns lütte Dörp lopen. Un wi hebbt Fotos maakt un lütte Filmen mit uns Smartphones un de hebbt wi denn mit uns Frünnen op Whatapp deelt. Un al lde Lüüd hebbt ehr Freud in de Welt schickt, dat dor Snee vun‘n Heven fullen is. Man, to Meddag weer de hele Spaaß wedder vörbi. Dor weer de Snee al wedder weg.
Avers för en poor Stünnen weer uns Dörp en Määrkenland un mien Welt weer kloor un schöön. Un ik wull geern drömen, dat dat noch en beten so blieven kann.

Fohrrad 55

Bi uns in‘n Noorden is dat schöön. Wi wahnt dor, wo anner Lüüd Urlaub maakt. Dorüm is mien Devies: Snitten smeren, Rucksack packen, Utfohrt maken!

Letzt Wekenenn güng dat na de Hamburger Hallig. Dor kannst di in de Reußenköge en Fohrrad meden un denn geiht dat af: Veer Kilometer dör dat Land achter den Diek, vörbi an Schaap un Sielen.

Mien Fohrrad hett de Nummer 55 hat. En blaue Gestell mit swatten Sadel.

O.K. … al Rööd vun den Verlehn sünd blau. Dorüm is de Nummer so wichtig. Stell di vör, wenn de helen Lüüd mit ehr blaue Rööd vun Reußenköge na de Hamburger Hallig fohrt un dor Kaffe drinkt – oder en Beer – all de Lüüd, (de nu bi uns in‘n Noorden Urlaub maakt, wiel dat Utland so unseker is un bi uns is dat so schöön puustig) de schüllt achter de Beer-Paus ehr Fohrrad wedderfinnen. En blaue Fohrrad ünner luder blaue Rööd! Ahn Nummer op de Rööd geev dat doch en Katastroph! Keeneen wöör sien Fohrrad wedderfinnen un all Lüüd snackt un schimpt denn dörchenanner un dat höört sik vun wieden an as de Schaap, de in de Landschop staht un bölkt.

Apropos Bölken: As ik mit mien Fohrrad 55 an so en lütte sööte swatte Schaap vörbi fohrt bün, dor hett dat doch wohrhaftig ropen: „Rööööömöööö!“
„Ne“, heff ik antert. „Ne, op Römö sünd wi nich. Dat is noch en Stück wieder in‘n Noorden, aver an desülvige Küst.“
Schaap de snackt, du, un Lüüd de bölkt – all dat kannst‘ beleven op de Hamburger Hallig – man blots mit dat blaue Fohrrad 55.

Allens will lehrt ween

Dat ik, ofschoonst ik nu al witte Hoor heff, de Schoolbank wedder drücken do, harr ik ok nich dacht. Aver: Allens will lehrt ween, ok dat Kutsch fohren. Un jüst dat heff ik mi in’n Kopp sett. Uns Shetty-Wallach „Fohli“ schall nich blots Bisteller ween, he schall en Opgaav kriegen. Egentlich heet he „Surprise“, wiel keeneen em bestellt harr. Un doch keem he as Fahlen na uns un sietdem heet he „Fohli“. Af un an nöömt wi em aver ok „Flitzwurst“, wiel he wat mollig un geern gau ünnerwegens is. Wegen sien överleidig Energien heff ik dat goot funnen, em en Kutsch to köpen. Nu tööm ik dat Peerd ja geern vun achtern op, wat in düssen Fall heet: Ik kööp eerst de Kutsch un dat Geschirr, spann dat Pony dor vör un stell denn fast, dat allens nich so richtig passen deit un ik gor keen Ahnen vun Inspannen un Kutsch föhren heff. Aver „Fohli" is ja en Goden un maakt liekers keen Scherereen, ofschoonst ik so en Dööskopp bün.

Also gah ik nochmals op Anfang un mell mi eerst mal för en Fohrföhrerschien an, üm allens vun de Piek op to lehren. Jaja, de Föhrerschien för Kutsch gifft dat! He is woll noch nich dör Gesett nödig, aver de „Reiterliche Vereinigung“ höllt em för notwennig un büdd Fachliteratur un Prövens an.

Glieks in mien eerste Stünn heff ik veel lehrt: Wat en Kumt is un en Oortscheet, un dat wi de fiene Fohrkunst in Düütschland en Herrn Benno vun Achenbach verdankt. Un wo man akkraat vun den Kutschbuck ut gröten deit!

„Was? Es gibt einen eigenen Kutschergruß?“ fraag ik mien Schoolmeester.

„Natürlich! Was denkt ihr denn, wie der geht?“, fraagt he in de Runn un is dorbi düchtig amüseert. Koppnicken, Handheven, Smuustern. Veel warrt nöömt. Aver allens is verkehrt. Jichtenswo schient uns Schoolmeester dat to freuen, dat wi all verkehrt raden doot.

„De mutt doch mit Rumpelsteelzken verwandt

ween“, denk ik. „Ach wo goot, dat keeneen kennt, wo de Kutscher grööt un lenkt!“, drängt sik mi en Riemel op. Aver ik mutt al ophören to dröömen, denn nu folgt de Verkloren vun den richtigen Kutscher-Groot:

„Nach Achenbach fahren wir einhändig. Die freie Hand wird zum Gruß an die Kopfbedeckung gehoben und wieder gesenkt, doch dabei wird nicht die Handfläche gezeigt, sondern der Handrücken. Denn der Kutscher will nicht den Anschein erwecken, als wolle er betteln.“

Ok. Allens kloor. Ik bün nich seker, wat ik Herrn Achenbach danken oder verflöken schall. Jüst so unseker bün ik, of Fohli to schätzen weet, wat ik an dat Lehrprogramm op mi nehm, so dat he en Kutschpony warrn kann. Un markt in mien Dörp sünnerlich een, of ik, wenn ik op den Kutschbuck sitten do, akkraat gröten kann?

Menno, Benno. Dor harrst du för Fruen mit Flitzwurst ok geern en afspeckt Variant vun de fien Kutschfohrkunst anbeden kunnt!

De Welt redden … aver bidde hygeensch

Safe the planet – dat höörst ja överall. Jeedeen is opropen, Plastikmüll to vermieden un Energie to sporen. Klimaschutz weer noch nie nich so en grote Thema as vundaag. Dat hett ok de Reklaam för sik rutfunnen: Op en Thermokaffebeker heff ik annerletzt leest: *Rettet die Erde! Er ist der einzige Planet, der Kaffee hat!* Na, du, dat is doch en super Argument!

As Verbruker kannst du to‘n Bispill dien Kaffe-to-go oder Cappuccino-to-go oder Wat-ok-ümmer-to-go in en mitbröchten Thermobeker füllen laten. Aver dat geiht nich in de Tähndokterpraxis. Dor mööt wi Eenmal-Beker bruken, wegen de Hygiene. Sülvst Glasbeker, de na’t Bruken afspöölt warrt, finnst du ut Hygienegrünnen nich in en Tähndokterpraxis. Ofschoonst een ja ok nix anners mit en Waterbeker in de Praxis maken deit as in en Restaurant: Water drinken!

Du dörvst ok nich dien egen Beker in de Praxis mitbringen. So as bi de Bäckerie. Dat is nu mal gegen de Hygieenstandarts. Denn de Hygiene geiht jümmers noch över den Klimaschutz. Un dorüm stiggt de Plastikmüll in de Praxen vun de Dokters jümmers wedder, wiel de Hygienestandarts jümmers wedder scharper warrt. Eenmal bruken un wegsmieten is even super hygieensch. As Utgliek kann de Verbruker dor op achten, dat sien Tähnpasta ahn Microperls utkamen deit – wat ja ok nix anners bedüüdt as dat dor Plastik binnen is. Ümmerhen.

Safe the planet – dormit wi ok morgen noch Kaffe drinken köönt.
In Düütschland sett wi allens doran ... aver hygeensch biddeschöön!

Dat Bruutmudderkleed

Keen de Wahl hett, hett de Qual. So heet en Seggwies – un dat is wohr!
As mien Dochter uns seggt hett, dat se Hochtiet fiern will, güng dat Planen denn los. Wo will se fiern, keen schall dorbi ween, wat för en Auto schall de Hochtiet-Schees ween un todem – in welkeen Koor passt de Bruut rin, mit ehren fieffachen Riep-Ünnerrock?
Apropos Ünnerrock – wat schall ik as Bruutmudder denn woll för en Kleed dregen?
„Dat schöönst, dat du kregen kannst, Mama. Un lang mutt dat ween. Maak di mal richtig smuck!" Puh. Richtig smuck för Ü-50ger. Dat warrt swoor. Ik bün denn in den glieken Laden för Schapptüüch ween, wo ik damals mien egen Bruutkleed köfft heff. Man, nu heff ik keen Bruutkleed nich söcht, sünnern en Bruutmudderkleed. Dat Problem is blots, dat ik mi noch gar nich föhl as en Bruutmudder un mien egen Tiet as Bruut – de is doch ... ne ...

de is doch nich al över 34 Johr her, oder? Doch, is se. De griesen Stremels in‘t Hoor, de Folden in‘t Gesicht un de Wabbelhuut an‘n Böverarm snackt en düütlich Spraak.
De Verköpersche in den Schapptüüch-Laden hett ehr leve Möh mit mi hatt. Se hett en Kleed na dat anner ansleppt un ik heff jeedeen anprobeert, aver nix hett mi toseggt. Een weer to düüster, dat anner hett to veel Dekolleté, dat neegste weer to pink.
Woso is dat blots so swoor? Ik bruuk doch blots wat, dat nich to grell is, un nich to blass, nich to braav, un nich to sexy. Man, liekers – smuck mutt dat ween, mien Kleed.
En Kleed, dat jüst so is as ik.

Corona-Hochtiet 2020

Oktober 2020. Nu is sowiet. Mien Dochter maakt Hochtiet. Mutt dat denn nu ween, nu wo de hele Welt vun Corona drangsaleert warrt?
„Ja. Mutt ween“, hett se seggt.
Na, denn man to. De Truen weer in Lümborg, in den Watertoorn. Wiel dor so veel Platz is, dat wi as Familie allemann dorbi ween kunnen.
Wi seten mit twee Meter Afstand in‘n Halfkrink üm den Disch, wo de Standsbeamte

achter en Plexiglasschiev över de Leev vertellt hett. Leev is as en Regenbagen, hett he meent. Wenn Sünnschien op Water drippt, denn schient de Bagen in sien schöönste Farven.
Na, du … Water hebbt wi satt hatt – achterna, bi de Fier in Meldorp, bi uns tohuus in Dithmarschen.
Un butendem:
Danzen – dörven wi nich.
Tosamen singen – dörven wi nich.
An dat Buffett – dörven wi Disch för Disch na de Reeg.
För jedeen Gast leeg en Gesichtsschutz ut Plastik praat, dormit dat Make-up nich versmeert. Bet een Dag för de Fier hebbt wi noch Afsagen wegen Corona vun Hochtietsgäst kregen, so dat wi blots noch half so veel Lüüd weren, as an'n Anfang inplaant. Un de Fleger in de Flitterweken hett de Floog ok noch knapphandig afseggt.
Hett Corona uns de Hochtiet vermasselt?
Ne! Wi hebbt liekers Spaaß hat! All hebbt sik wat infallen laten …
Dat geev Sketchen, Videos, Lifemusik un en Gast hett sogor Ballett danzt, du. Wat för en Fier!
Buten hett dat pladdert as ut Ammers, man dat Bruutpoor hett strahlt as de Sünn.

Mien Dochter hett Hochtiet maakt, liekers Corona weer.
Wat mutt, dat mutt. Un ünnerkriegen … laat wi uns lang noch nich!

Grenzen setten

Wat is blots los mit de Lüüd? Männichmal heff ik dat Geföhl, dat de wat mit de Ohren hebbt. Wenn ik „Ne“ segg, so nett un fründlich op Bärbel-Oort-un-Wies, denn maakt se dor glatt en „Ja“ ut un annersrüm is dat datsülvige. Du, wenn dat so is, denn heff ik keen Lust mehr, nett to ween. Denn bün ik af nu en anner Minsch, schree glieks los un stamp mit den Foot op de Eer un hau mit de Fuust op den Disch. Bähm!
Ne, echt nu! Mi passeert dat al neeslang, dat de Minschen mi nich eernst nehmt. Un dorbi bill ik mi in, dat ik nich ut Luft bün. Ik bün man blots … fründlich. Man, denn drängelt sik de Lüüd vör, sniedt mi midden in den Satz dat Woort af oder hebbt jümmers dat Letzt. Dat letzt Woort, meen ik. Annerletzt hett mi so en Typ bi den S-Bahnstieg in Altona sogor meist ümrennt. Du, dat mutt nu anners warrn, sünst kaam ik ünner de Rööd!

In en Book heff ik dorto leest, dat een sien Eegenleev hoochsetten un grootsnutig ween mutt. Dorför schallst di jeeden Dag en poor Minuten in'n Spegel anhimmeln. Butendem schallst du di för 20 Minuten in'n Sniedersitt op den Bodden setten un nix doon. Nix denken. Nich de Ogen sluten. Blots för di henkieken un denn … jichtenswann … mit di sülfst in Kuntakt kamen. Also, na twee Minuten ahn wat to denken weer mi so langwielig … un denn sünd mi na fief Minuten ok noch mien Been inslapen vun den Sniedersitt … du, dat weer nix för mi. Ik glööv ok, dat mien Kuntakt mit mi sülfst ganz O.K. is.

Man, wenn dor in Tokumst nu noch mal een versöcht mien Grenzen to läderen, du – denn lehrt de mi kennen – op en heel niege Bärbel-Oort-un-Wies!

Fermentista

Wutteln knippeln, Kohl raspeln, Solt afwegen. Dat is mien niege Hobby, denn ik bün en Fermentista! Nich to verwesseln mit en Feministin. Denn bi de Fermentatschoon geiht dat nich üm Gliekberechtigung, sünnern üm de

Darmgesundheit. Wo bün ik dorto kamen? Allens füng ganz harmlos an. Mit dat Lesen. Ik heff leest, dat de Darm en kompakt Organ is, dat mit uns Bregen kommunizeert, en egen lütten Kosmos in uns Körper: Dat minschliche Mikrobiom!

„Wie oft haben Sie Stuhlgang und wie leicht fällt ihnen der Gang zum Stuhlgang?“, lees ik. Dat sünd Fragen, op de keeneen geern antert. „Ihr Stuhlgang sollte wie ein Geist sein“, stunn dor, „geräuschlos und geruchlos.“ Du, dat weren heel niege Kenntnissen för mi! So en Stohlgang wull ik ok! Wenn nich nu, wenn denn? Wat is goot för den Darm? Ballaststoffen, Water, Mikroorganismen.

Ja, kloor kann man sik Melksuerbakterien köpen. Man kann ehr aver ok sülvst maken. Mit Gröötüüch un Solt. Suerkruut is so en Melksuerbakterienprodukt. Un wenn een dat sülvst maken deit, denn blievt de Bakterien sogor dor binnen un warrt nich verkaakt. Also heff ik Glöös mit Gummiringen un smucke Etiketten köfft, op de ik noteert heff, wat in de Glöös binnen is un wannehr ik de vullmaakt heff. Un ik heff Solt ahn Tosätz un en Holtstamper un en bannig scharpe Riep mit verscheden Messerinsatzen köfft. Dor hüng en Warnhenwies an de Riep, dat se temlich scharp

is. Mien eerst sülvstmaakt Suerkruut hett mi en Fingerkopp kost.
As Fermentista bruukt man nich blots goot Heelfleisch, man bruukt ok Geduld un Gedüer. Denn dat duert en paar Weken, bet dat de Geerprozess ut dat inleggt Gröönttüüch en smuck Superfood maakt hett. Sietdem fermenteer ik allens, wat nich bi dree in't Köhlschapp is: Blomenkohl mit Look un Ingwer. Cocktailtomaten mit Knooflook. Wutteln mit Pastinaken un Peperkööms.
„Dat stinkt in't Schapp", hett mien Mann sik beklaagt.
„Dat is de Look. De produzeert Gasen bi der Fermentatschoon. Beter he stinkt as ik", beswieg ik em. Man, dat nütt nix. Mien Glöös mööt uttrecken un wurrn umquarteert. Aver dat kann mi nich stoppen. Man siet ik en Fermentista bün, geiht dat mien Darm fermentastisch!
Annerletzt heff ik leest, wo schäädlich Zucker för den Darm is...
Mien eerste Marmelaad ut Rhababer ahn Geleerzucker weer.... naja... düchtig gesund.
Sorry Darm, een kann nich allens hebben!

Gröönkohleten in'n Vereen

So, du. Is wedder so wiet. Wi eet Gröönkohl mit uns Vereen – so as jeedeen Johr.
De Gaststuuv is kommodig, de Möbel rustikal – ut Ekenholt. An de Wand vör mi hangt en Öölbild: Damwild op en Lichtung. Neven dat Bild hangt dree oder veer Geweihen.
Mi gegenöver sitt Hilde. Se lacht hüüt besünners luut un driggt all ehren düern Smuck. Wo een mit so veel Ringea an de Hannen noch de Fingers bewegen kann, is mi en Radel. Aver Hilde kann dat. Hilde kann ok vergeten, dat de Witzen vun Volker de glieken sünd as letzt Johr. Du, dat is en Talent!
Toeerst bestellt wi wat to drinken. Ik heff Döst op en schöne Wittbeer. Man, bet de letzt vun den Vereen sien Drinken vör sik op den Disch hett, is mien Glas al wedder leddig. Egal. Nu kummt de Gröönkohl un de Fleeschplatten. Un egal wo veel wi freet, dor kümmt jümmers noch mehr Kohl un Fleesch op den Disch un de Kellnersche füllt uns ahn Barmen op.
„So en lütte Wust, de rutscht doch vun sülvst de Kehl rünner. Nimm man noch een!“, seggt se un grient dorbi. Volker puust un koppnickt. Man, ik kapituleer un maak den Knopp vun

mien Büx op du ... denn, nu kümmt noch de Nadisch!
Gröönkohleten mit uns Vereen, du. De rode Grütt is en beten to suer un de Kortüffeln en beten to sööt. Hilde is en lütt beten to lustig, un Volkers Witzen so rustikal as de Ekenmöbel. Also, bi't tokamen Vereenseten ... bün ik wiss wedder dorbi!

Katastrooph in de Köök

Wat is allens al in dien Köök passeert? Melk pöttert? Eten anbrennt?
Also ik heff ja al veel beleevt: To'n Bispill hett mien Söhn mal mien grote Gestdeeg-Tupperschöttel in den hitten Aven stellt – un de weer achterna nich mehr rund – sünnern oval …
De Deckel hett denn ok nich mehr dor op passt. Un de Röök vun verbrennte Plastik leeg noch vele Daag in de Luft. Un bi mien Öllern tohuus is mal en Glas Appelmoos an de Kökenwand lannt. Nich wiel dat so in Mood weer – in de 70er – Appelmoos an de Tapeet to kliestern, sünnern wiel mien Vadder sik gau wegduukt hett, as mien Modder dat Glas na em smeten hett.
Aver den gröttsten Swienkraam, du, de ik je in

en Kööк sehn heff, hett hüüt mien Keerl maakt!
He experimenteert nu ja mit Kombucha. Dat is en Pilz, de ut Tee un Zucker Bakterien maakt un dat mutt so 7-10 Daag vör sik hen geren – un denn kannst dat drinken. Kombucha is wedder vull in'n Trend. Wi hebbt de för 25 Johr al hatt un nu hett mien Keerl wedder dormit anfungen un maakt verscheden Sorten. Annerletzt ok wat mit rode Frücht.
Luftdicht tomaken dörvst du Kombucha op kenen Fall. Bi de Fermentatschoon gifft dat Gasen, de exploderen köönt. So. Jüst dat hett mien Keerl aver vergeten! Un as he hüüt de Rode-Frücht-Kombucha-Beugelbuddel opmaakt hett … PAFF!
Dor spritzt de hele rode Saft mit luden Knall an de Kökendeek, op den Disch, an de Schappen, op den Bodden, bet hen na dat Sofa in de Stuuv nevanan is allens vull mit Kombuchasaft, de utsüht as Kotze.
Man, ik heff ja al lang seggt: Wi mööt mal wedder renoveren. Goot, dat wi dat bet hüüt noch nich schafft hebbt.
Man nu … warrt dat Tiet!

Köök kopen

Foffteihn Johr is uns Köök nu oolt. Foffteihn Johr is keen Öller, seggst du villicht. Ja. För en Boom oder de sülvst kaakte Marmelaad vun mien Mudder ist dat keen Öller. Aver uns Köök, du, de süht nu nich mehr ut. Wi bruukt wat Nieges!

Wat ik op keen Fall mehr will, is en witte Köök. Witt treckt ja Placken magisch an. Nie nich witt! Also sünd wi an'n Sünnavend mit gode Vörsätz losfohrt un harrn en Summ in'n Kopp. En Summ, wo wi op gor keen Fall röver dörvt. So sünd wi na en grote Möbelhuus fohrt un hebbt uns de Köken ankeken. Man, du, dor weer wat los ... hest meent, du büst op den Rummel un nich in en Möbelhuus. En Verköper hebbt wi ok nich glieks funnen.

„In einer Stunde hat jemand Zeit für Sie. Bitte nehmen Sie diesen Sender mit. Wenn er zu blinken anfängt, kommen Sie zurück zur Information. Dann werden Sie bedient." De Senner hett utsehn as en lütten Ufo. Ik kenn so en Deel vun de Restaurants mit Sülvstbedenen. Wenn dien Eten fardig is, denn summt un lücht dien lütt Ufo un du kannst den Teller an'n Tresen afhalen.

Na, wi hebbt uns jüst bet na de Cafeteria dörkämpt, um en Tass Kaffe to drinken – do is uns Ufo op eens lebennig worrn. Op de Steed sünd wi ümdreiht un gegen den Minschenstroom torüch na de Informatschoon peest.
Klick, klick, klick. Ruckizucki weer uns Köök fardig – an'n Computer. De Front, de ik lieden kunn, geev dat blots in witt un de Pries dorför weer duppelt so hooch as de Summ in uns kaffejankern Köpp. Boah, du, – en Köök kopen – dat kann en echt buteneerdsch Beleevnis ween.

To Besöök bi Emil Nolde

Egentlich weer he en Buernsöhn. Tominnst is he as Buernsöhn op de Welt kamen. Emil Hansen, meen ik. Kennst du nich? Na, denn kennst du em villicht as Emil Nolde. So hett sien Geboortsoort heten un Emil hett dacht, dat en Hansen keen dullen Naam is för en Künstler. Also hett he sik Nolde nöömt. Na, denn.
Dat Nolde-Museum is en teemlich grote Huus in den teemlich lütten Oort Seebüll – in Noordfreesland. Sotoseggen en Kattensprung vun mi. Blots een Stünn Autofohrt. Aver ik heff bet hüüt bruukt, um dor mal hen to kamen.

En Film kannst dor kieken, över sien Leven. Wat em as Minsch un as Künstler andreven hett. Un kloor is dor ok en Galerie mit utsöchte Biller vun Nolde. En poor dorvun gefallt mi supergoot. De wöör ik mi ok geern in de gode Stuuv hangen. Aver dor sünd ok en poor dorbi, du, dor heff ik dacht: Ne. Dat is nich mien Smack. Man, ik bün ja keen Kunstkenner un dorüm dörv ik dat nich allens grootoordig finnen, wat Nolde maalt hett.
Grootoordig hett Nolde sik sülvst funnen – un dat rieklich! Un he hett sien hele Leven versöcht, anner Lüüd vun sien Genialität to övertügen.
Villicht harr he dat as Buernsöhn Emil Hansen nich bruukt – so veel Anerkennen un Applaus. Aver … denn geev dat hüüt ok keen Nolde-Museum un in mien Köök hung keen smucke Kunstdruck vun en grootoordig Bild.

Twüschendörch

Siet Fröhjohr is mien Fenster fast. Lött sik eenfach nich opmaken. De Handwarker, de ik glieks anropen heff, hett mi seggt, dat he dat nich so gau schafft to repareren, wiel he so vele Grootbusteden hett un mien Fenster –

pffft – dat maakt he denn mal so „twüschendörch“. Ja, dat kann ik goot verstahn. Is ja ok blots en faste Fenster. Man, nu sünd al en poor Maanden siet mien Anroop vergahn … de Raps is verblöht, de Heuoornt is ok vörbi un nu … nu steiht al de Winter an de Kalenner-Döör. Aver an mien Huusdöör – ne – dor hett de Handwarker noch nich ankloppt.
„Twüschendörch“ … du, ja „Twüschendörch“ is woll noch nich ween. Jedenfalls nich bi mien Discher. Dat is ja egentlich ok keen Malöör, aver nu heff ik sehn, dat sik Poggenstöhl an mien Fensterrahmen breet maken doot, wegen dat vele Sweetwater. Denn Lüften is en beten wat swoor, wenn dat Fenster nich opgeiht. Un Poggenstöhl sünd in Eierpannkoken ja allerbest, man, op de Holtfensterrahmen finn ik de en beten eeklig. Ümdat dat Wassdom vun de Poggenstöhl nich överhand nehmen deit, heff ik mi nu vörnahmen, morgen de Schieven vun mien Terassendöör intosmieten. Denn … so lohnt sik de Weg för den Discher na mien Huus villicht en beten wat mehr, un ik mutt nich mehr spikeleren wenn bi em woll „Twüschendörch-Tiet“ is.

Tööv mal

„Nich opmaken vör den 15. März!“
Dat steiht op en dicken Breef, den ik hüüt vun en Fründ kregen heff.
Schüddelt un drückt heff ik de Breef un mi fraagt, wat dor woll binnen is.
Op de best Saken in‘t Leven mutt en Minsch töven. Fröher weer dat so. In mien Kindheit muss ik oftins töven:
– op den Sünndag – för dat Sünndaagsei un den Braden.
– dorop, dat de grote Süster ut ehr leevsten Pulli rutwassen dee, ümdat dat endlich mien leevste Pulli warrn kunn.
– oder dat ik oolt noog weer, üm mi endlich en Peerd to kopen.
10 Johr heff ik op mien eerste Peerd töövt.
Vundaag bün ik nich mehr so gedüllig. Villicht liggt dat doran, dat ik nu nich mehr so veel Tiet to‘n Töven heff. Wenn du mi hüüt seggst: Tööv man noch 10 Johr af – denn spekuleer ik doch, of sik dat noch för mi lohnen deit.
Lohnen schall sik ok de niege Glotzkassensessel, de ik mi för Weken bestellt heff. Man, de Levertermin is jümmers wedder verschaven worrn. Aver nu endlich steiht de grote Karton in uns beste Stuuv un ik kann dat kuum

aftöven, dat Smuckstück uttopacken. Mien wunnerschöön niegen Sessel – mit Relaxfunkschoon.
Also maak ik dat Paket op un pack mien Sessel ut, de … de …
Tööv mal! Dor stimmt wat nich. Dat is nich de Sessel, de ik mi bestellt heff! De hett ja gor keen Relaxfunkschoon! De geiht torück! Boah ey – nu kann ik wedder Weken töven …
Un denn is dor ja ok noch de Breef:
„Nich opmaken vör den 15. März!“
Of ik dat woll aftöven kann? Kannst du?

Mogelpack

Dor leeg he. Root un rund. Sööt un saftig.
Gau heff ik dat Kökenmess to faten kregen un den Appel in twee Hälften deelt.
Man, wat ik denn to sehn kreeg, weer nich mehr sööt:
Binnen weer dat Fleesch bruun un matschig. De Appel weer nich mehr to bruken, nich mal mehr för Appelmoos. Wat för en Mogelpack!
Du, apropos Mogelpack: Annerletzt weer ik inlaadt to en workshop. „Kalligrafie för Anfänger“. En hele Stünn vull mit Tipps un Tricks – un allens gratis!

„Man, wat för en Glück!“, heff ik dacht un mi glieks inschreven. Dat weer so en Online-Seminor, wo een de Lehrer över Video sehen kunn un düsse Lehrer – en Fru ut New York, *the big apple* – hett denn vertellt, wat Anfänger allens falsch maken bi de Kalligrafie. Un ik heff dacht: „Ja! Richtig! Dat is genau mien Problem! Nu mal rut mit de Lösen!“
Man de Lösen kunn man eerst weten, wenn een ehren Online-Kurs bookt. Un düsse Kurs weer düchtig düer. Nu ja, in „the big apple“ kost dat Leven ja ok en beten mehr as bi uns in de Geest. Aver argert heff ik mi doch, dat se ehr Warfsennen as Gratisseminor anpriest hett.
Wenn en Anbott oder ok en Minsch richtig goot utsüht – meist perfekt – du, denn weer dat plietsch, in Tokumst eerst mal to kieken, wo dat binnen in‘n Karn utsüht. Jüst so as bi‘n Appel.

Maskenplicht för Patschenten

Kummt so’n lütte Deern in uns Kusenbrekerpraxis un hett ehren Hund op’n Arm.
In Tieden vun Corona weer ja Maskenplicht

för Patschenten, man de Jiffer hett ok en Mask üm de Nees – sowat heff ik bet nu noch nie nich sehn. Also weer ik an‘t Överleggen: Schall ik de beiden nu rutsmieten oder nich?
Ik bün jümmers noch an’t Gruveln, do sett de Deern ehren Hund op den Bodden un seggt to em: „Du musst jetzt mitkommen!“ Denn geiht se foorts den Gang na de Dokterstuuv dal. De Hund sett keen Been för dat anner. He lött sik eenfach an de Lien över den Bodden trecken.
„Junge Dame!“, roop ik ehr achterna, „So geht es nicht. Entweder kommt der Hund wieder auf den Arm, oder er muss draußen warten.“
Se kiekt mi an, as wenn de Koh dat Dunnern höört, heevt ehr Stoffdeert op un geiht stumm wieder.
Du, ik segg di, bi uns in de Praxis geiht dat ok Dag för Dag bekloppter to!

Lupinchen maakt de Döör op

Mien Kollegin hett mi vertellt, dat ehr Keerl den Huusdöörslötel verbummelt hett. Nu hest du ja – wenn du en Huusbesitter büst – en Versteek för den Ersatzslötel, dormit du in‘n Nootfall liekers in dien Wahnung kummst. Bi

mien Öllern weer de Slötel jümmers ünner en Blomenpott versteekt – dat is denn woll de klasssche Variant.
Man, dat gifft ok Lüüd, de sik wegen de Sekerheit lever jeedeen Week en niege Versteek utklamüüstern. So weer dat ok bi mien Kollegin. Denn as ehr Keerl sien Slötel verbummelt hett, do wuss he nich mehr wo. Also, he wuss nich wo sien Slötel bleven is un ok nich wo dat niege Versteek vun den Ersatzslötel is – un hett denn in sien Noot bi uns in de Praxis anropen, dormit sien Fru em dat Versteek vertellen kann.
Ik heff mi en anner System utdacht: Bün ik nich tohuus, wenn de Kinner vun de School kaamt, denn hang ik en Zeddel an de Achterdöör, wo en Radel dat Versteek vun den Slötel wiesen deit.
To'n Bispill heff ik mal schreven:
„Lupinchen maakt de Döör op!“
Denn weet mien Kinner, dat de Slötel in'n Kaninkenstall hangt, wiel uns Kaninken Lupinchen heet.
Dat heff ik tominnst haapt. Man, as ik na Huus keem, weer de Döör noch to, de Zeddel noch dor, aver keen Kinner to sehn. Un de Slötel hung jümmers noch bi Lupinchen in'n Stall.
Statt mien Radel to lösen – pfft – weren de

Kinner bi Opa üm de Eck: Flimmerkist kieken. So – un nu mal so ganz ünner uns:
Wat is denn dien beste Versteek för de Ersatzslötel?

Kaken op de Waschmaschien

Nu is se fardig, mien niege Köök! Söss Weken bün ik ahn utkamen, wiel wi renoveert hebbt. Söss Weken ahn Herd un Aven. … un denn krieg mal 5 Lüüd satt!
Provisoorsch heff ik ut mien Waschmaschien in de Waschköök en Heerd maakt. Dor heff ik twee Campingkaakplatten opstellt. So swatte Elektroplatten mit Steker. Achtern een un vörn een Platt. So kunn ik denn mal Nudeln mit Tomatensooß kaken oder Steekrövenmoos. Un an‘n Sünndag heff ik dat sogor schafft – in Etappen – en Sünndagseten mit Rootkohl to kaken:
Kortüffeln mit Frikadellen, Wuddeln, Sooß un Rootkohl! Rootkohl mutt an‘n Sünndag ween, denn ahn Rootkohl is en Sünndagseten keen echte Sünndagseten, seggt mien Keerl.
Man, ik bün ja bannig froh, dat de Noot nu en Enn hett, un ik in mien niege Köök ok mal wedder Pommes un Pizza maken kann, wenn

dat mal gau gahn schall. Denn en Aven – ne – de hett mien Waschmaschien nich hatt. Un in de Trommel vun de Waschmaschien warrt Pommes ja eher nich krosch.
Liekers – ik weer echt froh to mien provisoorsch Heerd in de Waschkööк. Man, en Haken hett de Waschmaschien hatt: Kaken un waschen to de glieke Tiet weer nich so plietsch. Glöövst du nich? Na, denn tööv mal op den Sleudergang!

Gummisteveln sünd gefährlich

Kloor kenn ik Schietwetter. So en Kind vun de Westküst as ik, de is nich bang, wenn de Frisur natt warrt. Du, ik heff mi dat Friseren al lang afwennt. Denn buten is dat meist natt. Un wenn dat nich natt is, denn hebbt wi Wind. Also driggst du op't best en Mütz oder gor keen Hoor.
Un dat wichtigste Schohwark, dat in keeneen Schapp fehlen dörv, sünd de Gummisteveln. Mien Gummisteveln staht in de Garaasch, wiel de hele Klackeradatsch vun'n Goorn geern buten blieven schall.
Un wenn du denkst, Gummisteveln sünd easy-peasy antotrecken – keen Rietversluss to'n Oppusseln, keen Slööp to'n Topusseln – jüst

rinflutschen un goot is, denn büst du scheef wickelt!
Denn Gummisteveln antotrecken kann vertrackt gefährlich ween. Wenn du so as ik annerletzt över de Frotteesocken noch Lammfellstrümp dreggen deist (wiel dat buten nich blots natt sünnern ok noch koolt is), und denn mit dien Foot in den Gummistevelschaft steken bliffst, wiel de Mauken wegen de Naturlammwullstrümp so dick sünd, dat se nu nich mehr in de Steveln passt un du di bückst, mit beid Hannen den Schaft hooch treckst un togliek de Foot mit veel Knööv in den Stevel drückst … denn kann dat passeren, dat di dat opmaal in't Krüüz schütt!
Vun dor an löppst du krumm un ahn Frisur dörch den Landregen un du sühst vun wieden ut as en ole Hex – mit Mütz.
Man, wo du utsühst is di ok egal. Denn wat di in düssen Momang echt interesseren deit, is, wo du wedder rutkamen schallst – ut de dösigen Steveln.

In de Baadstuuv

De meisten Unfäll passeert in'n Huushoolt, heet dat. Ja! Ik heff ok jüst so en lütten „Badezimmerunfall" hat. Ik wull mien witte

Hoor kascheren. Mit en Farvshampoo, dat nich permanent weer.
„Wäscht sich nach der Haarwäsche vollständig raus“ stunn op de Schachtel.
Ne, dat kunn ik nich ünnerschrieven! Mien witte Ponystrang bleev orange, egal woveel ik de wuschen heff.
„Wat schall dat ok to?“, seggst du villicht, „Worüm pfuschst du an dien schöne witte Hoor rüm?“ Ik weet dat ja ok nich. Mag ween, dat ik den Corona-Koller kregen heff. Bün en hele Johr nich bi´n Putzbüddel ween – ja – un denn heff ik woll en Rappel kregen un wull sülvst mien Hoor verännern. Jedenfalls heff ik op dat orange Hoor en swatte Hoorkur maakt, heel ut Planten, „nonpermanent“. Also …. wascht sik rut. Tscha. Haha! Dat kunn ik nich bestätigen. Man, nu keem to den orangen Stick in‘t Hoor en gröne dorto.
In‘t Internet heff ik denn leest, dat Zitronensaft un Backpulver hölpen schall, so Farvunfäll wedder to beheben. Zitronen heff ik nu keen mehr. Un Backpulver ok nich. Man dat orangegröne Haar, dat is jümmers noch dor. Un denn heff ik bi youtube sehn, dat sik Fruenslüüd Ketchup op dat gröne Hoor smeert hebbt, um dat wedder to neutraliseren.
Also, ik bün denn mal weg. Mit Mütz na‘n Koopmann! Un wenn du mi fraagst: Ik laat in

Tokumst de Finger vun Farv. Ok vun Plantenfarv. Ok wenn dat man blots en Shampoo is. Wat lengt mi dat na mien witte Hoor! För mi gifft dat blots noch: Back to the roots!

Watussi-Hoorn

all kiekt
keeneen snackt mit den keerl in de s-bahn
de en grote hoorn in sien rucksack driggt
wat is dat för en hoorn in düsse rucksack vun
den keerl in de s-bahn wo all op kiekt
keeneen snackt
ik snack mit den keerl in de s-bahn över sien
grote hoorn dat he in sien rucksack driggt
he kiekt
de keerl winkt mi to to'n afscheed as he ut de
s-bahn stiggt mit sien grote hoorn in'n
rucksack
wi lacht
dat is en watussi-hoorn
en lütte blots

Hildegard

hildegard die ziege maht
so sung oma mi fröher vör as ik se wiesneest fraagt heff worüm se so heet
as se heet un wo een denn to düsse komische naam kamen deit
hätt die ziege nicht gemaht
sündern gras freten oder melk geven oder tominnst en lütt bimmel an de
mah-kehl dreggen doon denn weer uns düsse riemel villicht ersparrt bleven
hüüt heet kuum noch een hildegard nich mol zegen niederdings aver en
bruunwitte hohn dat de veerteihndaagige afwesenheit vun mien chefin bruukt hett üm ehren goorn to besetten un dör dat scharren in'n bodden vun de
mährobоter dat begrenzungskabel kappt hett wat de dithmarscher landregen de gelegenheit geev ut en püük goorn en urwald to maken in wo dat hohn sik nu
umso wohler föhlen deit weer mien chefin nich in urlaub fahrt
dann gäbs auch keine hildegard
wi wüllt hopen, dat gifft nu eier

Opspören

ik
reck mi senn mien
wöör in de düsternis
echolot di ut de
bült rasterfahnd
jeedeen luut tählt
jeedeen roop treckt
kreisen drang un
dranger wenn
mien antennen
di opspöört
schudderst
du?

En Krokodil mit Luftballon

En Krokodil mit Luftballon
kiekt in de Hööch, flüggt nich dorvun.
„Na goot", denkt sik dat klook Reptil,
„Heev ik nich af, liggt dat an mi!
Mag ween, dat is dat Nüsternlock
Dat ist to swoor, sünst flöög ik doch!",
so överleggt dat Krokodil.
Dat dat nich flüggt, maakt em nich veel.
Denn mit Ballon in siene Hand
leevt sik dat goot in't Krokoland.

De dullste Krankheit vun all

Ik bün krank, mien leve Swaan!
Fraag mi blots, wo fung dat an –
dat in all mien Bökersieden
Riemels krüzen, Wöör sik strieden?

Ik heff Wehdaag, is nich löögt!
All mien Sätz sünd heel verböögt,
liekut denken geiht nich mehr.
Haal den Dokter, haalt em her!

Nu geev ik den Löpel af
un denn bringt se mi to Graff.
Heff mien Büx al vull un bever,
stickt ok an, is: Riemelfever!

Punkt Punkt

..,-
Punkt, Punkt, Komma, Strich,
gifft noch lang keen Mondgesicht.
Eerst wenn sik de Richtung dreiht,
en Gesicht dorut entsteiht.
De Verlööp geiht stüttig wieder,
Katt un König, Aap un Rieder,
animeert un cool as nie:
fardig is dat Emoji.
¯_(ツ)_/¯

Wöörballerei

Fundiert! Dat is dat niege Schockwoort. Ik weet dat, siet ik dat Woort annerletzt bruukt heff, bi een Internetdiskusschoon op facebook. Dor güng dat um de Impgegners un wat gemeingefährlich de sünd – jüst as Lüüd, de Wapen dregen doot. Un denn wullen de annern nich mit mi wiederdiskuteren, wiel ik fraagt heff, of düsse Vergliek denn"fundiert" is. „Nein," hett he schreven. „Wer fragt, ob das fundiert sei, mit dem wolle er nicht reden." Okay. Weer mi recht. Heff ok wat anners to doon, as mi mit Lüüd afsabbeln, de, wenn jüm de Puust bi´t Diskuteren utgeiht, persönlich warrt. In de Nees pulen, to'n Bispill. Dor kümmt mehr bi rut.

Oh, wat mutt ik för en gresig Minsch sien. Een de nafraagt. Ne, dat höört sik doch nich! Dorbi wullt ik doch blots weten, wo he sik dat vörstellen deit. Geiht so en „Ungeimpfter" in de Bank un seggt:

„Halt! Geben Sie mir ihr gesamtes Bargeld in diesen Beutel. Ich mache darauf aufmerksam, dass ich ungeimpft bin und Krankheitserreger in mir tragen könnte. Ich bin bereit und entschlossen, jeden anzufassen, der sich mir in den Weg stellt!"

Hm. Tja. Ik weet ja nich …
Man, ik freu mi bannig, so ganz för mi in’n Stillen, dat ik endlich en Woort funnen heff, wo ik anner Lüüd mit schockeren kann. Ik heff dor jümmer mien Last mit hatt. Ik mag bet hüüt keen Kraftwöör lieden. Jedenfalls nich in Hoochdüütsch. In Plattdüütsch is dat wat anners. „Morsgatt“ geiht, finn ik. Das is meist nüüdlich. Aver dat hoochdüütsch Woort dorför … ne, dat geit bi mi nich över de Lippen. Bi´n besten Willen nich. Man, mien Diskusschoonspartner op facebook, de hett dormit keen Problem hatt.
Ha! Nu heff ik en Woort, mit dat ik torückscheten kann. Hurra! Un dat Best is – mi stört dat Woort nich. Nich en beten. Laat mi jüst noch mal losballern:
Fundiert! Fundiert! Fundiert!

Nix to lachen

Ik heff jüst en niegen Katalog kregen.
„Saison Vorschau“ steiht dor op. „Ihr neuer Herbstlook beginnt hier.“
Man de Deern op dat Titelbild lacht mi nicht an. De kiekt so gnadderig, as wenn se seggen will: „Ik heff Hunger. Giff mi wat to eten!“

As ik dörchblädern do, fraag ik mi de hele Tiet: Wat hett de Deern? Un ik kiek mi gornich mehr de Klamotten an, sünnern blots noch de Gesichter vun de Models. Dor is keeneen dorbi, de Spaaß hett. All kiekt deepdenkern oder as hebbt se Langewiel. So as de modern Minsch vun hüüt even kieken deit.
Denn kümmt de Sieden vun de Mannslüüd. Un dor warrt dat ok nich beter. De kiekt ok nich glücklich, sünnern … cool, smart, weltmännisch.
Wat schall dat to? Wenn ik mi Klamotten köpen do, denn schall dat Spaaß maken! Denn will ik, dat de Warven mi vörgaukelt: Wenn du düt Kleed dregen deist, denn büst du en glücklich Fru … nau as de Fru, de dat Kleed hier in den Katalog dregen deit. Aver de treckt en Flunsch as dree Daag Schietwetter, un so will ik mi nich föhlen! Menno. Nich mal mehr de Warven is, wat se fröher mal weer.
Ik bläder wieder. Un denn. Endlich! En lachen Gesicht! Ja, dat Kleed will ik hebben. Düt Kleed vun dat Model, dat mi so anstrahlen deit. En Jerseykleed in pink mit Pusskatt.
Waaaat? Dat gifft dat blots bet Kinnergrött 140?
Denn mutt ik mi woll doch wat vun de Sieden bestellen vun de Lüüd, de nix mehr to lachen hebbt.

Nie nich „Ne“

Ik will nie wedder en „Nein“ hören. Nie wedder torüchwiest warrn. Nie wedder.
Dat „Nein“ is mi verhasst, siet ik na den Blomenkübel robbt bün, dor in de Eer buddelt un se mit mien lütten Schüffelhannen över den ganzen witten Teppich verdeelt heff. Siet ik Schuuvladen optrecken, Klingelknööp drücken, Dören opmaken kann. Jeedeen Mal heff ik düt Miesmaker-Woort höört.
Nein. Neiiiiiin. NEIN!
Bi den letzten barschen Toon sünd de Dämm braken un mien Hart sunk in‘e Büx.
Wo lett sik dat ut’n Weg gahn, düt Woort to hören?
Annerletzt heff ik luustert, as mien Kinner an’t Snacken weren. Mien Söhn hett sik en Pizza maakt. De Lütte see:
„Dörv ik wat vun dien Pizza hebben?“
„Ne.“
Düsse Anter hett ehr nich toseggt. Se versöcht dat nochmal un fraagt:
„Dörv ik *nix* vun dien Pizza hebben?“
„Ja.“
Nu is se tofreden. Denn dat „Ja“ klingt in de Lütten ehr Ohren veel beter, ok wenn se all wedder en Affohr kregen hett.

Wull du also en positiv Anter, denn muttst du blots de richtige Fraag stellen. Also fraagt wi doch dat neegste mal lever:
„Fohrt se glieks *nich* ut de Parklück rut?“
„Warrt de Wuddelbehanneln weh doon?“
„Büst du *nich* Single?“
„Hebbt wi morgen *keen* schoolfrie?“
Wohrschienlich is de Anter jümmers „Ja“. Twoors kriegt wi ok nich, wat wi wüllt, aver de Ogen blievt dröög un dat Hart an sien Steed.

Mit Hotpants in de Praxis

Wenn dat in‘n Sommer so richtig hitt warrt, denn loopt de Lüüd ja rum, as weer de Stadt en Strand, un kiekst du op den Schoolhof, denkst du meist, du büst bi‘n Ballermann.
Mit Hotpants oder buukfrie in de School – dat geiht nich, hebbt en poor Scholen nu fastmaakt. De Lehrers sünd bang, dat de Kinner sik nich mehr op den Ünnerricht konzentreren, sünnern mehr op dat nakig Fleesch. Un nu is ja en hitzig Debatt in‘n Gang, of de Scholen en Dresscode bruukt. Düsse Debatt is hitter as uns hittste Sommerdag.

Wi hebbt ok diskuteert, bi uns in de Praxis. Vun wegen dat Recht op frie „Persönlichkeitsentfaltung“ un so. In de Frietiet is dat wat anners, dor mutt jeedeen na sien egen Smack gahn – aver op Arbeit oder in de School (dor weren wi uns enig), is en vernünftig Kledaasch nich slecht.

Denn … nu stell di blots mal vör, jeedeen löppt rum, as he will. De Banker dreegt Spröök-Shirts mit de Opschrift: „Bier formte diesen Körper“ un bi´n Tähndokter assisteert wi in‘n Bikini – wiel dat in‘n Sommer so hitt is.

„Ja“, seggst du villicht, „denn hebbt de Patschenten wat to kieken un konzentreert sik nich mehr so op ehr Wehdaag un den Bohrer.“

Ach ne, leve Lüüd, denn bliev ik lever Spießer!

Aver, tööv man af, in 10-20 Johr is de Dresscode ok afschafft un denn geiht dat. Denn dreegt wi Hotpants in de Praxis. Also … ik nich, aver de jungen Helperschen villicht. Bet dorhen eet wi in uns Praxis Ies, wenn dat hitt warrt.

Un mien Kinner, de bruukt keen Dresscode vun de School – de mööt morgens an mi vörbi.

Bökerbus

Dat een vun mien Söhn „Robin“ heet, du, dor is de Bökerbus an Schuld. Ik bün ja in Grotenwieh bi Flensborg opwussen … un op‘n Dörp, dor geev dat ja nich veel. Dor weer de spannenst Steed in´t hele Dörp de Karkhoffbank. Un dat aasigst Verbreken weer, wenn een mit Footpilz barfoot över de Straat güng oder friehannig Dreerad fohrt is. Un wenn dor en Minschenkeed weer, denn weer dat keen Demo, denn weer dat en Töövslang för de eenzig Telefonzell. Lang is dat her. Man, dorum weer de Bökerbus jümmer mien Highlight in‘e Week. Un welk Book weer woll mien Leevste? Genau: Robin Hood!
Mien Süster un ik hebbt de Geschicht naspeelt. Wi hebbt uns Piel un Bagen snitzt un uns Goorn weer de Sherwood Forrest. Se weer Little John un ik … ja, ik weer na kloor de „Rächer der Enterbten, der Beschützer von Witwen und Waisen.“
Nu stell di mal vör, dat harr keen Bökerbus geven in Grotenwieh … un ik harr de hele Tiet vör de Flimmerkist seten. Denn wöör mien Söhn hüüt „Ratz“ oder „Rübe“, „Pumuckl“ oder villicht ok „Mork vom Ork“ heten, aver wiss nich Robin.

Ik glööv, mien Söhn is hüüt bannig dankbor dorför, dat ik mi domals Böker utlehnen kunn. Un de Bökerbus, du, de höllt jümmers noch in Grotenwieh an de glieke Steed as fröher. Un dat is schöön, du, … dat dat ok mal Saken gifft, de so blieven doot.
Hachjo.

Grabbellatien

„Bitte, Frau Wolfmeier, sagen Sie etwas Verständliches!"
Dat hett en Veranstalter to mi seggt, as wi mien Optritt dörsnackt hebbt.
„Wat för´n Ansprööök!", heff ik denkt. Dat is ja woll dat hööchst Glück op de Eer, dat de Lüüd di jümmers verstaht. Un so männich en Striet fangt jüst dorum an, wiel keeneen wat begriepen deit.
„Versteiht sik doch vun sülvst, beste Mann", heff ik aver antert, „un ik finn mi ja jümmers licht to verstahn." Man, so ist dat: Du denkst, du snackst kloor as Kööm, aver de annern verstaht blots Grabbellatiensch.
Fangt in de Familie al an. Mien öllste Dochter driggt ja opleevst mien Klamotten. Heff ik ok egentlich nix dorgegen. Man, de Saak hett en

Haken. So flott as se mien Kledaasch ut‘t Schapp snappt, so flott is se nich wedder dor binnen. Dat duert. Un wat glöövt ji woll, wokeen bi uns de Wäsch maakt. Tschä. Dor heff ik denn letzt to ehr seggt:
„Deern“, heff ik seggt, „wi mööt een utsnacken. “
„Höör mal. Ik wasch mien Klamotten, ik bögel mien Klamotten, un du driggst mien Klamotten. Fallt di wat op? So geiht dat nich. Dor mutt sik fix wat ännern. Af nu treckst du bidde blots noch Wäsch vun mi, de bögelfrie is.
„Null Problemo“, seggt se, danzt an mi vorbi na mien Klederschapp un swupps – grippt sik en Boomwullbluus!!!.
Sühst! Grabbellatien! Dor bün ik doch wedder total undüütlich ween. Stackel ok, arme Deern. Se hett mi gor nich verstahn …. oder … oder wat sünst hett ehr Akschoon to bedüden?

Krieg!

Wenn du nich mehr ahn Paraplüüs na buten gahn kannst; wenn Supp op’n Disch kummt un Astern vör de Dööör. Wenn de Nevel över’t Land liggt bet to Middagstiet; wenn de Treckers op de Straten wedder mehr warrt un

de Müggen in't Huus weniger. Denn is dat endlich wedder so wiet. Denn is Harvst. Bi uns is Brett-Speel-Tiet! Un dat bedüüdt: Krieg!
Weetst du, ik finn dat goot, dat nich jeedeen Avend de Flimmerkist löppt. Wat is dor al groot binnen? Nix as Moord un Dootslag. Dat köönt wi doch ok sülvst – ganz ahn „Medienberieselung".
Bi uns is dat noch kommodig, du. Wi leggt uns dat Scrabble-Brett op'n Disch un denn geiht dat los. Spaaß för jung un oolt.
„Ik finn keen Woort, ik heff blots dove Bookstaven", seggt Tina.
„Dat gifft keen dove Bookstaven", segg ik un kiek mi ehr Bookstaven an.
„Dat gifft dove Bookstaven", segg ik denn. „Wessel man al ut".
Se kriggt also heel ne'e Bookstaven un denn geiht dat wieder.
Ik maak sowat ja nich un wessel de Bookstaven ut. Ik heff den Anspröök an mien Bregen, dat dat plietsch noog ween muss un kann en Woort formen, wenn dat acht Bookstaven för de Nees hett. Een, de sik Lyriker schimpt, de mutt dat schaffen. Sünst kann ik woll nich torecht seggen, dat ik Lyriker bün.
O K Ü S M F E R steiht op mien Reeg.
„Öküsmfer"

Ok! Dat gifft echt dove Bookstaven …
„Öküsmfer, Öküsmfer, Öküsmer“, mummel ik liesen.
„Krüme“ leest mien Bregen, op eens. Fehlt mi blots noch en „L“ an Sluss, denn heff ik en fein Wort, nämlich „Krümel“.
Ik will dat Wort gern buen, man dor is keen „L“ op dat Brett, wo ik mien „Krüme“ anleggen kann. Ik kiek un kiek. De Kinner warrt al hiddelig.
„Nu maak hinne, Mama“, seggt se.
„Still“, segg ik, „Ik mutt denken.“
En „T“ reddt mi.
„Tääätäää! Voilá! Krümet!“, segg ik un legg mien Woort.
„Dat is doch keen Woort. Dat hest du di doch jüst utdacht!“, hebbt mien Kinnner schimpt, un denn güng dat Diskuteren los, du. Man, dat letzt Woort heff ik ja geern un heff seggt: „Doch, doch. Dat is en Eegennaam. Wi hebbt ja Eegennaams tolaten. Aso wenn ji „Rapunzel“ un „Obiwan“ legen dörvt, denn geiht Krümet ok, du. Bi Krümet, dor kopp ik nämlich af un an in.
Ik weet nich worüm, aver denn hebbt mien Kinner keen Lust mehr hatt, mit mi to spelen un wullen lever Moord un Dootslag kieken – to‘n Entspannen – hebbt se meent.

Schenk mi keen Geschenkgootschien

Schenken, schieten, Schuuvkoor schuven … maakt de Buer sülvst – heet en plattdüütschen Spröök. Aver ik bün ja keen Buer un af un an mal wat schenken oder schenkt kriegen – dat is doch en feine Saak … wenn een sik denn nich jümmers wedder de sülvige Fraag stellen mutt: Wat schenk ik blots!
Super anseggt sünd ja Geschenkgootschiens. Dat is originell, du. Un wat dat nich allens för Möglichkeiten gifft: Vun en Restaurantbesöök över en Ballonfohrt bet hen na en Fotoshooting för de Katt oder ok en Sightseeing Radtour dör Berlin oder – Övernachten in en Hobbit-Eerdhuus. Is för jeedeen wat dorbi. Ja, dat Geschenkgootschiengeschäft boomt! Ik wett, du hest ok noch so'n Deel jichtenswo in de Schuuvlaad liggen. Du, denn man to un löös em gau in, denn so'n Gootschien gellt ja nich ewig. Meist hett de en Frist. Un steiht dor keen Frist op, denn gellt he dree Johr, seggt dat GBG. Ik heff mal so 'n Gootschien för en Restaurant hatt … un de weer ok al en beten öller, du, dor weer denn al en niegen Bedriever in … un dor heff ik denn doch en poor Problemen hatt, düssen Gootschien intolösen. Hett denn aver doch noch jüst un even so klappt.

Wat maakst du also, wenn du en Geschenkgootschien kriggst – un du hest gor keen Tiet för en Radtour dör Berlin oder du hest gor keen Katt för dat Fotoshooting oder büst to groot för dat Hobbiteerdhuus? Entweder kannst du de sammeln, so as Breefmarken in en Album. Oder wi maakt en Tuuschbörs op, du. Also ik heff noch en Gootschien för en Tandem-Bungee-Sprung antobeden. Is man eerst twee Johr oolt. Hest du Interess? Denn roop mi an!
Ach ja … un för de Tokumst … bidde schenk mi keen Geschenkgootschien. Ik freu mi ok över Blomen.

George Clooney ut Büsum

Annerletzt see mien Kolleeg in de Praxis to mi: „Kannst di freuen, du, dien neegste Patient is de George Clooney ut Büsum.“
Na, op düssen Gerorge Clooney weer ik ja mal spannt. Un as ik in den Töövruum keem, dor heff ik op de Stöhl gor keen Minsch sehn, de ok blots vun wieden utseeg as Gorge Clooney un as ik em opreep … dor keem so'n lütte scheefe Mannsminsch op mi to, de mit en Hollywoodstar so ganz un gar nix gemeen harr.

„Ha,ha! Sehr witzig!“, heff ik to mien Kolleeg seggt, as de Patschent fardig weer un se hett grient un sik wat höögt, du. Ik heff denn wieder snackt:
„Na, wenn dat de George Clooney ut Büsum is, du, denn bün ik mal spannt op joon Brad Pitt!“
Man, en paar Daag later flöög he wohrhaftig dörch de Praxis: De George Clooney ut Büsum.
En Minsch as frische Bettwäsch:
Rüükt goot, verlangt nix un du föhlst di eenfach wohl.
Un dorto seeg he ok noch fantastisch ut un weer en echten Charmebolzen. Dat Problem mit de Gorge Clooneys is ja … de hebbt leider, leider keen Problemen mit de Tähnen! Blitzblanke Bieter hebbt se un keen Karies oder sünstwat. Noch nich mal Tähnsteen! Menno! Na fief Minuten – W U S C H – weer he wedder weg un kummt woll in't neegste Johr eerst wedder to Kontroll un för den Stempel in't Bonusheft. Ach, wenn so'n Keerl mal'n Wuddelfüllen bruken dee, du – oder en Extrakschoon vun en retineerten 8er – dat weer en Droom!
Aver so wat, du, gifft dat ja blots in'n Film.

Dörp-Idylle

Dat Schönste an Sommer is, wenn sik dat Leven blots noch buten afspeelt:
De Kinner slaagt Rad op'n Rasen. De Meerswien loopt in dat Butengehege rüm un quiekt vergnöögt wegen al dat frische Gras. Jeedeen Dag wasch ik dree Hupen Wäsch un de warrt sogor dröög! Un eten doot wi ok blots noch buten.
Denn warrt de Disch schöön deckt un Kaffe kaakt. Dat gifft frisch backte Brötchen un sülvst maakt Eerdbeermarmelaad vun sülvst plückt Eerdberen – versteiht sik. Du, dat is för mi Dörp-Idylle!
Un middenmang in düsse Idyll verirrt sik op eens en Fleeg.
Un düsse Fleeg finnt dat ok, dat dat bi uns so heel paradiesisch is un se vertellt dat gau ehr Frünnen. Un denn kummt noch en Fleeg un noch een … un denn geiht dat los:
„Oh, man. All düsse Flegen! Schiet Landleven," seggt de eerst.
Un de neegst haalt de Flegenklapp un fuchtelt dormit över den Brötchenkorv. Un du weetst al nich mehr, wat dor mehr rümswirrt över den Disch: Flegen oder Flegenklapp.
Un de Flegenklappfuchtler warrt jümmer ner-

vöser un grantiger un ik seh dat al kamen, un schree noch:
„Stopp! Hau nich de Fleeg över den Disch doot!“
Dor seggt dat al „BATSCH!“, denn de Flegenklappfuchtler hett Flegentennis speelt un de eerst Insektenliek dekoreert nu as Topping de sülvst kaakt Eerdbeermarmelaad.
Dat Schönste an Sommer is, wenn sik dat Leven blots noch buten afspeelt …man ik verpiesel mi ok geern mal na binnen un maak de Döör to.

En echten Nootfall

„Mama, wi mööt na’n Dokter“, seggt mien Lütte.
„Woso?“, fraag ik.
„Ik heff hüüt in de School en Ball an Kopp kregen un mien Lehrer hett seggt, dat is beter, wi gaht mal hen na’n Dokter.“
„So’n Tüdelkram. Wi hebbt in de School all Nees lang Bäll an Kopp kregen un nich blots Bäll … ok anner Saken un keeneen is dorför na‘n Dokter hen“, anter ik un krieg al wedder so’n Hals du … so’n Hals. Elennige Na’n-Dokter-Loperie!
Ik kann mi nich besinnen, dat ik as Kind veel bi’n Doktor wesen bün. Wenn wi Kinner mal

krank weren, denn hebbt wi to Bett musst – un goot weer dat. Hüüt sitt de Lüüd för allens un nix bi'n Dokter.

Kenn ik ja sülvst ut de Praxis. Dor mutt blots fipsig wat vun en Tähn-Füllen afbreken – un glieks staht de Lüüd bi uns op de Matt.

„Wo haben Sie denn Schmerzen?“, fraagt mien Chef.

„Ich habe keine Schmerzen. Ich habe aber Angst, dass ich welche bekomme!“, seggt de Patschent.

„Aha,“ meent mien Chef denn, „Also ein echter Notfall.“

Du, ik kenn Fruenslüüd, för de is dat al en Nootfall, wenn so en künstliche Krall afgeiht. Stell di dat för, du. Al Fingers hebbt 5 cm lange Nagels, blots de an de rechte Duum is kort un schedderig. So kann een doch nicht op de Straat! Oder wenn en junge Deern en Pickel op de Nees hett – denn is dat en Akne-Nootfall un se rennt foorts na'n Dermatologen.

Also, wenn wi al dorbi sünd, denn fallt mi noch mehr Nootfäll in, du. To'n Bispill en Hoorfarvunfall an'n Sünndag … denn weer en Nootfall-Nummer super, wo ik denn anropen un blarren kann:

„Deit mi leed, aver Ik heff en Waterstoffperoxid-Nootfall hatt un mutt foorts in de Praxis … äh … in den Laden kamen. Oder … oder maakt se villicht ok en Huusbesöök?“

En Droom warrt wohr

So, du! Nu is mien Peerd mobil. Dat heet, ik kann em nu kutscheren. In’n Hänger! Ik heff mi nämlich en Peerhänger köfft. Nich, dat he dat geern mag, dat Kutscheertwarrn in‘n Hänger un gor nich lieden kann he dat Verladen. Aver … dat öövt wi un dat klappt nu ok al veel beter as an‘n Anfang. Mien Wallack kann nämlich stur ween as ’n Esel, du. Un dat kann denn ok licht mal so twee Stunnen duern, bet he dor binnen is in‘n Hänger. Dat mutt een allens mit inkalkuleren, wenn een mit Peerd ünnerwegens is. So as annerletzt. Dor hett en Fründin mi afhaalt un wi beid wullen mit uns Peer in St-Peter-Ording utrieden. So schöön an‘n kilometerwieden fienen witten Strand langs galopperen. Dat weer jümmers mien Droom, du. Eenmal so över‘n Strand galopperen! Mit Sünn in mien Gesicht un Wind in mien Hoor un de basig Lief vun en Peerd twüschen mien Been, wenn dat so mit dünnernd Hoven över den Sand prescht. Man,

dat hett so lang duert, bet mien Esel endlich op'n Hänger stunn, dat vun den Strand gor nix mehr to sehn weer, as wi endlich an'n Süüdstrand ankemen! Blots noch Water överall an't Enn vun den Rietweg!
Schiet wat op de Floot!
Naja. Wi sünd denn mit de Peer en beten in dat Water rümplantscht. Toeerst wull mien Peerd dat ok nich so recht, bet ik em rinföhrt heff – vun wegen dünnerd Hoven – gaaaanz suutje hebbt wi tosamen wat an Strand maakt, dat see ut … liek as „Kneipp Wassertreten". Avers mit mien Droom harr dat nich veel to doon!
Maakt nix! Ik heff nu ja mien egen Hänger un kann so veel ik will na St-Peter fohren. Un denn nich blots an'n Süüdstrand. Dat kriegt wi noch hen mit dat Galopperen an'n witten wieden Strand un Sünn in Gesicht un Wind in de Hoor … ahhh … Wind! Tominnst dat klappt ja bi uns in'n Noorden jümmers!

Fröher weer allens beter

Fröher weer allens beter, seggt vele ole Lüüd. Man, ik glööv so lütt bi lütt kaam ik ok in dat Fröher-weer-allens-beter-Öller.
En modern Mudder mutt sik mit de Technik

utkennen, wenn se ehr Kind in de School helpen will.
Mien Söhn reep mi güstern vun de School an un hett seggt:
„Du Mama, ik heff mien Huusopgaven tohuus vergeten.“
„Du, ik bring se di aver nicht achter an!“, weer mien vörielig Anter.
„Ne, bruukst ok nich,“ hett he wieder snackt. „Kannst de Datei von mien PC op dien Handy spelen un mi denn as WhatsApp-Naricht schicken.“
„Öh“, heff ik seggt. „Wo geiht dat?“
Mien Söhn hett mi per Telefon anwiest, wo ik mi bi sien Technik-Gewusel in sien Kamer torecht finnen kann. Bildscheerms, Kavel un Tastaturen en Mass.
„So en Freak“, heff ik dacht, „Wo schall ik mi hier blots torecht finnen.“
Pö-a-Pö hett he mi denn an‘t Telefon anwiest, wat ik maken schall. Wat för en Knoop ik drücken mutt un wat för en Befehl ik ingeven schall. Naja. So 30 Minuten later heff ik dat echt schafft, em de Datei op sien Handy to schicken un he weer heel begeistert vun sien ole technikfule Mudder.
Aver eens segg ik di: Dor wöör ik dusendmal lever mien Söhn de Sportbüdel oder dat

Pausenbroot achter an bringen, denn dat gifft dat ja noch nich digital.
Echt mal. Fröher weer villicht nich allens beter, avers dorför weer dat fröher nich so technisch allens.

Leev mutt een nich söken

Över de Leev schall ik schrieven, du. Över de Leev. Ik! Un mien Keerl hett lacht un meent, dat ik sowat nich kann, wiel ik jümmers so unromantsch bün un to'n Bispill ok nie nich flenn, wenn dor so'n swulstigen Film in de Flimmerkist löppt. Also, dat stimmt ja nu nich, du! Dat ik wegen en Film nich flenn, dat stimmt twoors … aver dorüm is een ja noch lang nich unromantsch, oder? Weetst du wat ik över de Leev mal leest heff?
„Die Größe einer Liebe misst sich nicht an ihrer Stärke, sondern an ihrer Länge." So, un dor sünd 37 Johr Ehe al teemlich groot, finn ik. Un ok stark. Un fief Kinner kriggst ja ok nich vun nix … also so in't Vörbilopen. Man, ik bruuk even keen Wulk söven un ok keen Määrkenprinz. Leev finn ik överall. Finn ik, wenn du mi en Kaffe maakst. Leev is in de Melk, de du mi noch in den Kaffe deist un denn ok noch umröhrst.

Leev is, wenn du mi jümmers noch de Döör ophöllst un wi Hand in Hand an de Schaufinstern vun uns Lüttstadt vörbi bummeln. Leev is, dat du mi so ween löttst as ik bün, dat du keen Barbiepopp ut mi maken wullst un du di ok nich na so en Popp ümdreihen deist, wenn di een över'n Weg löppt. Leev is, dat ik di jümmers noch so geern rüken mag, so as vör 37 Johren. Un dat du mi ok hüüt noch in mien Achtersten knippst – man jümmers noch nicht weetst, dat ik dat egentlich nich so dull finn, düsse Moorsknieperie. Avers dat segg ik di nich. Denn wenn du dat jichtenswann nich mehr maakst, denn … denn maak ik mi villicht Gedanken över mien Po … un … un över uns Leev. Leev is in dien Kniepen. Leev is in mien Swiegen. Leev mutt een nich söken. Du muttst ehr blots verstahn.

Wenn 't Fröhjohr warrt

Denn blifft de Mütz tohuus un de Sünn drifft de Lüüd na buten. Denn is de Bedriever vun uns Iesbood üm de Eck endlich wedder dor un de Grippewell is endlich vörbi.
Wenn 't Fröhjohr warrt.
Denn sitt de Mudders op de Speelplatzbänk un de Kinner buddelt in de Sandkist. Man de

Vadders schruuvt an ehr Schesen rüm oder se meiht den Rasen oder klütert jichtenswat buten rüm. (Man nich mien Naver. De klütert dat hele Johr buten rüm. Ok an'n Sünndag. Ok in de Middagstünn. He hett woll jümmers Fröhjohr in'n Kopp! Wat för en Glück för em. Man, männichmal wünsch ik mi, dat bi em ok mal Winter is, du, un de Klüterie en Enn hett. Egal.)
Wenn 't Fröhjohr warrt.
Denn fleegt de Fleerlings, danzt över de Blöten un ok in de Büük vun Leevslüüd. Hest du di mal fraagt, woans de dor woll rin kaamt? De Fleerlings in'n Buuk? Freet de Lüüd villicht in'n Winter Rupen un denn verpoppt de sik in'n Buuk … un in 't Fröhjohr, do slüppt se ut?
Wenn 't Fröhjohr warrt.
Denn is Leev in de Luft un Maddiks in'n Bodden. Denn warrt angrillt un de Köhl dorför bi'n Höker warrt knapp. Man Vagelfoder un Winterriepen bruukt keeneen mehr. Un de Röck un dat Hoor vun de Fruenslüüd warrt noch en lütt beten körter.
Wenn 't Fröhjohr warrt.
Denn treck ik mien Strümp ut un gah an den Strand. Un wenn denn de warme weke Sand so twüschen mien Töhn rönnt un de Wind mit mien Hoor speelt un ik höör keeneen klütern,

blots dat Ruuschen vun't blaue Water un du höllst mien Hand un kiekst in miene Ogen – denn glööv ik di allens, du. Ok, dat du in'n Winter Rupen frittst.

Mien Göör hett Föhrerschien

Puh, schafft, du. Wedder en Göör groot. Mien Dochter Sarah hett jüst ehren Föhrerschien maakt.
Man, dor hebbt wi de Sektkorken knallen laten. Un ik heff mi bannig freut, dat ik nu för en Kind weniger dat Mama-Taxi ween mutt. Ja, ik heff mi freut. Man, wat heff ik mi freut – bet ik dat eerst Mal mit ehr mitfohrt bün.
„Begleitetes Fahren" nöömt sik dat ja, wenn dat Kind al Föhrerschien hett, aver noch nich 18 Jahr oolt is. Also, du. Dorför bruukst du Nerven ut Stahl, segg ik di. Nix för Bangbüxen. Ok nix för Lüüd, de dat ielig hebbt. Denn wenn du gau mal jichtenswo hen musst un de Dochter fraagt:
„Mama, dörv ik fahren?", denn wullt du „NEIN" seggen.
„NEIN – OP GOR KENEN FALL. IK HEFF DAT IELIG. IK HEFF EN TERMIN!"
Avers dat seggst du as Mudder ja nich. Du

seggst: „Kloor kannst du fohren.“ Un wenn se denn al 5 mal an de Ampel afwörgt hett, denn steiht di de kole Sweet op de Steern.

Un hupen hett se ok nich lehrt. As ik annerletzt to ehr seggt heff: „Los, hup mal!“ Hett se antert: „Ne, dat kann ik nich!“

„Wat? Dat kannst du nich? Dat geiht doch nich. Dat mutt een könen. Dat is dat eerst, wat een lehrt, oder nich?“

„Ne. Dat hett mien Fohrlehrer mi nich wiest.“

Menno. Wat lehrt de Kinner egens noch in de School? Egal, wi hebbt dat heel un sund na Huus schafft. Dat is de Hauptsaak. Un solang nix Legeres passeert as dat de Fohrt en lütt beten länger duert … is allens goot.

Apropos goot. Segg mal, wo stickt egens mien Autoslötel un ik mutt fix los. Heff dat Ielig.

„Sarah … wo is mien Autoslötel??? S A A A A A H R A H !!!“

Moin Moin, Robert

Wenn ik fröher bi‘t Telefoneren analog tippt oder mit de Wählschiev en Nummer wählt heff un mi dorbi verwählt heff … denn weer ik männichmal echt överrascht, wokeen ik an‘t Telefon harr. Dat passeert ja hüüt bi de Technik nich

mehr so oft, wiel all de Nummern vun Frünnen un Bagaasch spiekert un vörinstellt sünd un de Tieden vun de Wählschiev sünd lang vörbi.
Man, as ik nülich Avend op mien Sofa seet, do heff ik doch noch so en Beleevnis hatt, jüst so as in ole Wählschiev-Tieden. Ik heff to'n Entspannen noch so 'n beten mit mien Handy rümdaddelt, dor poppt op eens en WhatsApp-Naricht op. Unbekannte Nummer.
„Moin Moin, Robert!", stünn dor. „Ik bün dat … Jan. Ik bün nu eerst vun´t Schipp rünner un mien Deensthandy is toschannen. Dorüm hier mien private Nummer. Wi seht uns denn morgen Klock halvi söven un vergeet de technische Teken nich. Ik haap, du hest noch en schönen Dag hatt."
Do heff ik torüch schreven: „Moin Jan, mien Dag weer klasse. Danke. Aver ik heet Bärbel."
„Heff mien Fehler ok jüst al markt", hett Jan denn antert. „entschuldige bidde. Dien Profilbild süht ok veel femininer ut as dat vun Robert un wohrschienlich hest du ok nich so veel Boort as he."
Jo, dor hett Jan recht mit hatt. Ok, wenn op mien Profilbild mien Gesicht gor nich to sehn is, sünnern mien Achtergestell. Also ik vun achtern, as ik so op mien Peerd sitten do. Also egentlich de Moors vun mien Peerd un mien

Mors toosamen. Un ja, mien Boortwuss bringt jeedeen Keerl to'n Blarren. Ik heff nämlich kumplett gor keen. Witzig weer, dat Jan platt snacken kunn un ut Hamborg keem. Un wi hebbt meist de hele WhatsApp-Konversatschoon op Platt schreven. Echt super!
Also denn Jan … weer en coolen Klöönsnack mit di. Maak dat man goot!
Schipp Ahoi vun de feminine Moors ahn Boort.

One of those days

Güstern weer he wedder dor, du: Een vun düsse Daag.
Du kennst dat… wenn du al bi dat Opstahn nich de Puuschen finnen deist un mit Ogen to un kole Fööt över den Bodden wischst un di denn noch dorbi de Töhn an den Nachtdisch stöttst. Eeklig is dat.
Kann keeneen bruken, so'n Dag. Aver dat is em egal, du, düssen Pantüffelmopsdag. De mopst nich blots Puuschen, de mopst ok glieks dien gode Luun un den Sünnenschien, un dien letzt Twintiger ut de Tasch.
As de Vörmiddag op Arbeit denn schafft weer, heff ik mi al op mien Sofa freut, du. Oh ja! So

en richtig schöön Middagstünn op mien week Sofa. Blots noch gau mien Jung vun de School afhalen un en Breef bi de Post insmieten. Denn heff ik allens schafft, wat ik mutt un denn kann de Dag mi mal leev hebben…
Ik also gau mien Jung afhaalt un af na de Post. Un wiel Schietwetter weer, bün ik alleen rin na de Post un heff mien Jung in dat Auto laten un ok den Slötel, dormit he Radio hören kann. He is ja al foffteihn – also keen lütt Schietbüdel mehr.
Jüst as ik fardig weer, stünn mien Jung neven mi in de Post. „Na goot, is ok O.K"., heff ik dacht „denn weer em woll langwielig". Un as wi so torüch na'n Parkplatz lopen sünd, heff ik em fraagt: „ Hest du ok afslaten?"
„Kloor!"
„Un wo is de Slötel?"
…
Keen Anter, du. Mucksmusenstill weer he. Hett mi blots ankeken un mit den Finger op dat Zündslott wiest.
„Ik heff vun binnen afslaten, bün rut un heff vun buten de Döör tomaakt", hett he denn ganz liesen seggt.
„Neeee! Dat is nu nich dien Eernst! Dat kann doch nich angahn!", heff ik jault.
„Weetst du ok, dat dat för düt Auto blots

düssen een Slötel geven deit?“, heff ik em fraagt.
He hett wedder nix seggt, blots den Kopp schüddelt.
„Un nu? Wat maakt wi nu?“ heff ik wieder fraagt un wusst, dat he wedder keen Anter dorop hett.
Un do heff ik markt, dat de Pantüffelmopsdag wedder toslaan hett … un weg weer se … mien hitt begehrte zuckersöte Sofastünn.

Dat Ekenfest

120 Jahr is uns Eek oolt. Wenn dat keen Grund för en Dörpfest is! De hele Dörpstraat is för düsse Veranstalten afsparrt worrn un denn hebbt se noch en mobile WC opstellt un en Schankwagen. Na, denn man to! Toeerst woor en niege Eek plant un denn woor utschenkt. Of ik denn en Kaffe kriegen kann, heff ik fraagt. Ne, Kaffe eerst an‘n Namiddag. Nu blots Beer un Limo oder Water. Aver Water hett een ja ok tohuus in de Leitung. Also heff ik en Radler drunken. Un denn geev dat schöön Klöönsnack mit all de Navers. Welk kenn ik, aver nich all. Ik bün ja blots totrocken. Man al siet över 20 Jahr. Liekers. Dat is ja nich dat

sülvige. Aver mien Keerl kennt dat Dörp siet sien Kinnertiet. He hett mal versöcht weg-tokamen. Dat hett blots en korte Tiet klappt un denn weer he wedder dor. Dat is de Dörpflöök, meent mien Keerl. De eenmal in Stelle-Wittenwurth lannt is, de kummt nich wedder weg. Un denn hebbt de olen Mannslüüd sik to de jung Fruens sett un heel glinsterige Gesichter kregen. Denn so faken hebbt se keen jung Fru mehr neven sik sitten. För so wat sünd Dörpfesten mit lange Sittbänken echt goot. Ok mit mi hebbt se pousseert, de olen Mannslüüd, ofschoonst ik sülvst al en Oma bün. Man, wenn een Ö80 is, denn is ja allens jung Gemöös, wat noch keen Rollater schuven deit.

Wo een denn her is un keen sik siet wannehr kennt un wat man vun Beroop is un welk Lüüd mitenanner verwandt sünd oder welk Striet mitenanner hebbt. Keen wo Land pacht hett un keen nix to pachten kriggt. Dat allens un veel mehr lehrt een ünner de ole Eek. Un de Kinner hebbt Football speelt un sünd Fohrrad fohrt. Ut de Luutsprekers klungen Nino De Angelo un de dree Amigos. Keen nich in'n Schadden sitten wull, hett sien Beergoornbank in de Sünn stellt. Later geev dat sogor Grillwust un sülvstbackten Koken mit Kaffe. Dat hele Dörp

weer op de Been un ünner de Ekentwiegen Stimmendörcheneen. Je later de Dag, desto luder de Stimmen. Aver jichtenswann is ok de letzte Slager speelt, dat letzt Beer drunken, de letzt Stimm verstummt. Un still worr dat in de Dörpmitt, wo de ole Eek steiht.
Bet to dat neegste Fest. Ringrieden, Füerwehr, … wat weet ik! Denn wat en echte Dörp is, dat finnt bestimmt en Grund to'n Fiern!

Steensmieter

Dat gifft Lüüd, de smiet Steens op Autos vun de Autobahnbrüch. Vele Minschen sind dorüm verletzt worrn oder sogor storven. Worüm deit de Däder dat? Steen smieten? Ut Langewiel? As Mootproov?
Ik heff ok mal mit Steens smeten. As ik in de Grundschool gahn bün. Dor hebbt wi Kinner bi Oma in'n Goorn „Cowboy un Indianer" speelt. Avers wi wullen all Cowboys ween … also de, de jümmers winnen deit … un hebbt keen Indianers hatt, to'n Bescheten. Also hebbt wi uns in'n Graven an de Dörpstraat op de Luer leggt un töövt, dat dor en Auto vörbi fohren deit. Un wenn dor een kamen is, denn hebbt wi mit lütte Kiesel dorop smeten un

„Peng, Peng“ gröölt. To‘n Glück hebbt wi meist nich drapen, man … eenmal doch. De Fohrer hett stoppt un is utstegen. Un wi Bangbüxen sünd flink as de Hasen achter dat Huus vun Oma lopen un hebbt uns versteckt. De Autofohrer hett bi mien Oma an de Döör pingelt un mit ehr snackt. Un denn is he wedder in sien Auto stegen … un weg weer he. Dat geev keen Moorsfull. Dat geev ok keen Schimp. Oma hett uns blots trurig ankeken un mit ehren Kopp schüddelt. We weren ja nich blöd. We weren blots lütt. Wi hebbt in den Momang, wo de Steen drapen hett, wusst, wat wi anstellt hebbt – un nie nich wedder hebbt wi so en dumm Tüüch maakt.

Mit Steens smieten. Vun de Autobahn. Dat deit de Däder ok dorüm, wiel se sik anonym so stark föhlt. So as wi in uns Graven – wo uns keeneen sehn kunn. As wenn se Macht hebbt över Leven un Dood. Un wiel dat veel lichter is en Minsch weh to doon, wenn du em dorbi nich in de Ogen kieken musst. Dat hett en Psycholoog in‘t Internet to de Steensmieterie seggt.

Mien Grundschooltiet is lang vörbi. Un mit Steens smeten… oder in‘t Internet mit Wöör. dat do ik alleen al wegen Oma nich.

CO2-Utstoot

Vör mien Öllernhuus steiht en Walnuttboom. Jümmers, wenn een in de Köök sitten deit un ut dat Fenster kiekt, kann man em bewunnern. Mien Vadder hett em vör vele Johren plant, un nu is dat en heel grote un smucke Boom worrn. Düt Johr hett de Boom so vele Nööt hatt as noch nie, so dat mien Vadder gor nich dor gegen an eten kunn. Man to'n Glück wahnt bi em in de Straat en Katteker, un de deit sik ok över de Nööt freuen un hett mien Vadder bi dat Insammeln holpen. Jeedeen Dag in'n Harvst kummt dat rode söte lütte Deert mit Puschelsteert an, klattert flink op den Boom un söcht sik en Walnutt. Denn sett he sik op en Ast, pellt de Frucht, knackt de Schell un fritt ganz sinnig den leckeren Karn.
„Katteker", heff ik annerletzt to em seggt, as he wedder mal mit sien Walnutt op en Ast seet. „Katteker, du deist hier so vergnöögt op düssen Boom sitten, aver in Europa … dor debatteert se över den CO2-Utstoot un de meisten europääsch Länner wüllt den Utstoot blots üm 30% dalsetten, wiel se meent, dat de Arbeitsmarkt un de Autoindustrie wichtiger sünd as de Klimaschutz. Un anner Länner op de Welt, du, de kümmert de Klimaschutz keen

beten. Männichmal maakt de Minschen mi bang un denn wünsch ik mi, dat se all en beten mehr so ween schullen as du, mien söten Katteker."

Do hett de Katteker mi ganz keck ankeken un seggt, ik schall man nich bang ween, he hett noch Platz för mi op sien Walnuttboom.

Schenken is schöön

Wenn ik mit mien Süster un Bröder un al uns Kinner un annerletzt ok uns Cousine Janine mit ehren Kerl (de se blots bi sik tohuus „Mäusepüpschen" nömen dörv, wiel he düssen Nökelnaam nich lieden kann un butendem schall keeneen weten, dat se em „Mäusepüpschen" nöömt) … wenn also de hele Bagaasch in mien Öllernhuus an en Disch sitten deit … denn is Stimmung, du. Denn is dat Huus vull. Denn speelt wi uns Speel. Denn is Tiet för: „SCHEUßLICHKEITEN"

De meist Lüüd nöömt dat villicht ok anners, un de speelt dat blots to Wiehnachten, man wi speelt dat jümmerto. Bi düt Speel mutt jeedeen sien grulichst Saken mitbringen. Also … so grulich, dat een dat nich mal mehr op en Flohmarkt verkopen mag. Oder so grulich, dat du dat

bi Nacht un Nevel in de Aschkann smieten deist, dormit de Naverschop nich spitzkriegen deit, wat för asigen Kraam du hest.
Düsse asig Saken warrt in Zeitungspapeer wickelt un op den Disch packt. Un denn warrt wörpelt. Bi en „6“ dörvst du di en Deel vun den Disch nehmen. Wenn denn all de Saken verdeelt sünd un jeedeen en Hupen vun „Scheußlichkeiten“ vör sik hett, denn warrt de utpackt un anpriest. To'n Bispeel so:
„Hier heff ik en poor Latschen ut Plastik in Fischform. Design Dorsch. Grött 44. Un wenn de Grött nich passen deit, denn kannst de Puuschen ok bruken un en Mück dormit doot hauen.“
Un wenn dat Anpriesen vun al dat Krimskrams to Enn is, denn warrt wedder wörpelt. Bi en „6“ dörvst du di wat utsöken, dat egentlich en annern höört. Bi en „1“ musst en Deel vun dien Hupen weggeven.
Dorför hest blots kort Tiet, denn de Stoppuhr löppt. Wenn du goot büst, is an Enn dien Hupen weg, denn hest allens verdeelt un sleppst keen eenzig „Scheußlichkeit“ na Huus. Aver so en Glück hett keeneen, du. Düt Mal gah ik mit en olen Jagerhoot na Huus, man …
„Mäusepüpschen“ hett sik de Fischlatschen angelt.

Bikini oder Baadantoog

Jedeen Fröhjohr stell ik mi de glieke Fraag: Geiht noch Bikini oder bün ik al riep för en Baadantoog?
Villicht sünd mien Bikinitieden bald vörbi, man nich düt Johr! För düssen Sommerurlaub heff ik mi extra en Dr.-No-Bikini köfft. Mit breden Hüftgördel. So as Ursula Andress will ik perlendükern ut de Floot stiegen un eenzig mit en Knief an Lief de Welt redden.
Man vör‘n Spegel kniep ik in mien Buukfett un segg: „Spegel, Spegel an de Wand. Wo is dat Bond-Girl un wokeen is düsse Elefant?“
Goot, Elefant stimmt nich, aver „bikinitauglich“ is mien Buuk mit över 50 un achter 5 Kinner ok nicht mehr.
Unvermodens warrt mi eens vullkamen kloor: Will ik düt Johr Bikini dregen, mutt ik wat doon.
Foorts schriev ik en List mit al mien möögliche Akschonen:
1. Mien Buuk bi en Autobahnrastplatz utsetten
2. Em in‘t Schiethuus runnerspölen, so as dormals de labbrigen Braatkortüffeln vun mien Vadder.
3. En Internetanzeig opsetten. So en Auktschoon is gau maakt. De Text kunn so utsehen:

„Bestager Buuk aftogeven. Ut Nichtsmöker-Huushoolt ahn Huusdeerten. Hett Bruuksporen. Kiek Biller. Privatverkoop. Keen Garantie un torüch kannst em ok nich geven."
4. Gesund eten un Sport maken.
Wiel vun mien List Punkt 1 bit 3 nich funkschoneert, stapelt sik in mien Köök de Proteinprodukten. Ik streng mi an, 40 g Protein pro Mahltiet in 400 Kilokalorien to packen. Hüüt geev dat t. B. Röhrei mit Sojamehl un Sojaflocken, in Selterwater kaakt. Hmmmmm! Dorgegen is Muermörtel en Delikatess un liggt ok lichter in Magen. Un denn jümmers joggen un Liegestütz. Joggen un Liegestütz. Joggen un Liegestütz. Menno.
Weetst wat? Also … Ik finn, dat gifft ok echt söte Baadantöög.

De ole Ekenkist

In mien Öllernhuus stunn in de Deel ünner de Trepp en ole Ekenkist – groot un swoor.
In düsse grote Kist mit Beslag ut Iesen keken wi Kinner jümmers rin, wenn wi wat nich finnen kunnen: Dat Fotoalbum vun Oma mit al de lütten swatt-witte Biller vun Groottant Herta oder de lütte swatte Babypopp vun mien

Süster. Allens kunnen wi dorin finnen, wat wi al lang söcht hebbt. Dat weer en echte Schatzkist, groot as en Nilpeerdmuul – de ok hele Kinner mit en Haps dalsluken kunn.
Alleen kunnen wi nich op Schatzsöök gahn. Dor weer Teamwork nödig: Een Kind hett den Deckel opmaakt un fastholen, dat anner is denn halv in dat Nilpeerdmuul rinkladdert un hett na de Schätz söcht.
„Seh to, ik kann den Deckel nich mehr lang opholen!“, hett mien Süster denn seggt, wenn ik to lang bruukt heff mit dat Wöhlen in de Schätz. Un denn heff ik tomaakt, dat ik gau fardig worr. Wull ja nich freten warrn vun de ole Kist – groot un swoor.
Düt Johr mööt wi uns Öllernhuus verkopen, denn mien Öllern sünd nich mehr. Man, wohen mit de Ekenkist? Dat ole Nilpeerdmuul … dat köönt wi doch nich enfach loswarrn!
En letzt Mal hebbt wi dat opmaakt un al de Schätz ruthaalt, de mien Öllern dor opwohrt hebbt: Mien Blockfleut vun de Grundschool heff ik dor binnen funnen un mien Kinnerutwies mit en Bild vun mi, as ik fief Johr oolt weer.
Nu steiht de ole Ekenkist in mien Huus in de Deel. Un se süht noch grötter ut as fröher, denn mien Deel is heel lütter as de vun mien

Öllernhuus. Man de Kist passt jüst un jüst ünner de Trepp.
Un nu is dat an mi, dat grote Ekenmuul to fodern …
un ik füll de ole Kist mit niege Schätz.

Do mal wat för de Romantik!

Wi hebbt dacht, wi doot mal wat för de Romantik un gaht schick eten. Blots mien Keerl un ik. Rut ut de Routine, suutje un sinnig. De fief Kinner laat wi to huus.
Meist geiht dat bi uns blots: zack, zack, fardig warrn.
Un jüst so geiht dat ok, wenn ik tohuus för de Grootfamilie Middag kaak un al de lütten Wolfmeiers an den Disch sitten. So as bi en echte Wolfsrudel.
Dorüm … mal ganz spontan romantisch ween un eten gahn. Dat weer de Idee. Dorüm hebbt wi keen Disch reserveert un sünd op goot Glück losfohrt. Man, dat hett in Strömen regent den Daag un dor weer keen Parkplatz to kriegen bi den niegen Chinees un denn sünd wi dör de Regen in dat Restaurant lopen, um to kieken, of dor noch en Disch frie weer … ja – schietdiwat!
Nevenan weer en Greek, dor hebbt wi denn eten

wullt … aver de Idee hebbt ok anner Lüüd al vör uns hatt: Brekenvull mit Töövslang.
Dat weer nu al laat, uns Maag hett knurrt. Wi weren pitschnatt un hungrig. Een Versöök wullen wi noch maken. Dat geev dor achtern in Gewarfgebeet noch so en Pizzaleverservice, mit Parkplatz glieks vör den Ingang.
„Guten Abend“, gröööt uns de Kellnersche. „Wollen Sie hier essen? Na, Sie werden doch sicher bis 21:00 Uhr fertig sein.“ Man dat weer al halvig negen! Ik weet ja nich, wo gau de Pizza fardig is, aver in teihn Minuten mien Eten rünnerslingen – dat wull ik ok nich! Dorför kunn ik ok tohuus blieven! Ik wull doch hüüt mal suutje un sinnig mien Eten un mien Keerl geneten!
Zack, zack – fardig warrn – du, dat is Gift för de Romantik. Spontanität männichmal ok.
Aver en annermal, du, denn plaant wi de Romantik beter … un reserveert uns en Disch.

Joggst du noch oder löppst du al?

Bet hüüt heff ik dacht, dat mien Keerl en Jogger is. Man, so wat dörvst du nich luut seggen, wenn du mit een snackst, de nich joggt, sünnern löppt!

Wat is dorbi denn de Ünnerscheed? Dat is doch allens dat glieke, denkst du villicht. Un dat heff ik ok dacht. Man dor leeg ik heel verkehrt!

„Jogger, dat sünd Lüüd, de in de 80er stekenbleven sünd. De sinnig dörch de Natur lopen mit Sweetband üm de Steern – oder noch leger: Frotteesocken an de Fööt un en Handdook üm de Nack, so as weren se Rocky Balboa“, hett mien Keerl mi verkloort. „Oder hippe Öllern, de en op sportlich maken un mit de Kinnerkoor nich spazeren geiht, sünnern joggt. Oder Hunnenlüüd, de mit ehre Jiffers loopt. Dat sünd ok all Jogger.“

„Aha“, segg ik. Dat segg ik jümmers, wenn ik vun wat keen Ahnen heff, aver ok nich gornix seggen will. „Aha. Un en Löper is …?“, fraag ik vörsichtig.

„En Löper hett Tallen, de tellt sien Schreed un mitt sien Puls. De traineert för den tokamen Marathon un driggt keen Joggingantog sünnern „Tights“ un … dat wichtigste: De hett en GPS-Klock!“

Wenn du nu fröh an‘n Morgen na’n Bäcker fohrst un buten is dat noch düüster, denn krieg man keen Schreck, wenn neven di op den Börgerstieg sik Reflektorstriepen stüttig in‘n Takt bewegen doot … man wat dat nu en

Löper is oder en Jogger, dat kannst so gau ok nich rutfinnen. Bet du de Pulsklock an dat Handgelenk sehn kannst, büst al vörbifohrt!
Naja. För mi is de Fraag, of een nu en Jogger oder en Löper is, meist so wichtig, as de Fraag of nu en Brötchen oder en Rundstück op mien Fröhstücksteller liggt.
Piepsnurzegal! Hauptsaak: Dat smeckt!

Mudders mit SUV

Op de Straat gifft dat veel to beleven. Dor drippst op dulle Lüüd: De Sünndagsfohrer mit Hoot to'n Bispill. Oder de Jungkeerls mit ehre Autos, de keen Autos mehr sünd, sünnern Discos op Rööd. Oder de Lüüd, wo dat Auto de Brems fehlen deit, dorför hett dat aver en inbuut Vörfohrt. Geiht ok noch beter:
Hüüt to'n Bispill: Dor bün ik achter en SUV fohrt. Mudder mit ehren Söhn. De is denn op eens direkt vör de School stahn bleven. Jüst vör en gröne Ampel – in „absoluten Halteverbot", dormit ehr Söhn an de School utstiegen kann un nich noch fief Schreed lopen mutt. Denn keem noch de Afscheeds-zeremonie: Söten linke Back, Söten rechte Back, Söten linke Back … un kloor … is de

Ampel denn prompt op ROOT jumpt, as de Jung de Autodöör endlich vun buten toklappt hett. So. Dat weer denn ja al en unschöön Akschoon. Un wenn du nu denkst, dat de Mudder in ehren SUV ordig un leev op GRÖÖN töven deit, bet se wieder fohren kann – as jedeen normalen Autofahrer – denn hest du di tuuscht. Aver so wat vun! Denn, du … Mudders, de SUVs fohrt, sünd ja nich normal. Un düsse Mudder hett denn ok nich op GRÖÖN töövt, sünnern hett ehren SUV ümdreiht – hen, torüch, hen, torüch, hen, torüch hen – jüst vör mien Nees. Un as se denn an mi vörbifohrt is, hett se mi noch fründlich angrient un nett winkt. So as de Queen vun England.

„Huup doch!“, hett mien Söhn mi anbölkt. De seet bi mi op‘n Bifahrersitz.

„Un? Wat nützt dat?“, heff ik em fraagt.

Ne, du. Ik heff nich huupt, ik heff nich schimpt. Bün ganz cool wiederfohrt un heff mien Söhn denn an de neegste rode Ampel ut uns SUV smeten. Man, dat geev keen Söten rechte Back, linke Back … un jüst as he buten weer, is de Ampel op Gröön jumpt.

So warrt dat maakt!

Spraken lehren hüüttodaags

Buenos dias!
Ik lehr nu Spaansch. Man dorför gah ik nich na de Volkshoochschool. Ik lehr dat heel modern – mit en App.
De Vördeel is, dat ik ok midden in de Nacht lehren kann. Un dat is egal, of ik twee Stunnen Tiet to'n Lehren heff oder blots teihn Minuten. Dat Lehren is total flexibel – also op de Minsch vun hüüt afstimmt. Un wiel ik dor mit Lüüd ut de hele Welt vernett bün, köönt Mudderspraakler mien Öven korrigeren.
Wenn ik en Spraaköven maak un to'n Bispill vertellen schall, wat ik för Hobbies heff, denn snack ik in mien Handy: „Yo toco un poco la guitarra y puedo montar", wat so veel heet as: Ik speel en beten Klampfe un ried.
Düsse Opnahm kann ik in de Community afschicken un denn tööv ik dorop, dat een vun de Spaanschsnacker dat korrigeert. Dat maakt se meist ok prompt un schrievt torüch: Montar a *caballo*! Also: Ried en *Peerd*!
Du, dat finn ik sowat vun cool! Un butendem kann ik ok de Lüüd korrigeren, de Düütsch lehrt. Dat is en beten so as to mien Kinnertiet, wenn wi School speelt hebbt un ik bün denn de Schoolmeester.

Man dor kann jeedeen Schoolmeester spelen in düsse App. Un wenn ik männichmal so de hoochdüütschen Korrekturen vun anner Lüüd lees … du, denn doot mi echt de Ogen weh.
Aver an un för sik finn ik dat Kunzept nich slecht, un Prövens gifft dat ok … un du kannst sogor dien Afsluss in „Business-Spaansch" maken.
So en Plattdüütsch-Lehr-App, du, … dat weer doch en feine Saak!
Man wullt du uns schöne Spraak noch lehren, denn gah man na de Volkshoochschool.

Dat blifft in de Familie

Freedag föhr ik över dat Wekenenn na mien Kinner na Hamborg. As dat sik anhöört: Ik föhr na mien Kinner. Beten wat komisch. Beten wat oolt. Aver nich asig. Dat is wat to'n Utspannen, sien Kinner to besöken. En Gast warrt beweert, kriggt Puuschen an de Fööt, en Kaffe vör de Hannen un wenn man sik in dat Johrteihnt dorvör nich unbeleeft maakt hett, ok en Gästbett anbaden. Schient so, dat ik nich allto veel verkehrt maakt heff. Mi warrt dat Gästbett sogor frisch betrocken. Schöön is dat. Richtig schöön.

Twoors bün ik nich op en Övernachten inricht ween, aver hey – keen Problem! Flexibel is mien tweten Vörnaam. Mien Dochter hett noch en nee'e Tähnböst un lehnt mi en Pyjama un en Ünnerbüx. De is för mien Smack wat sportlich sneden, aver is ja blots för een Nacht. Ik dörv allens bruken, wat ik in ehr Schappen finnen kann: Mundwater, Makeup-Entferner, Deo. Dat is en grote Spaaß, frömde Schappen to inspizeren. Dat eenzig, wat mi to mien Glück un en suutje Nacht noch fehlt sünd: Ohrproppens. Ik weet nich worüm, aver jichtenswann heff ik mi anwennt, mit Ohrproppens to slapen. Dat is en Ritual worrn. Doch, ik weet worüm. Dat weer de Tiet, as de Kinner lütt weren un gode Slaap roor. Do heff ik dat eerst Mal Ohrproppens utprobeert. Proppens rin, Gedankenkarussell ut. Un wiel dat so goot funkschoneert hett, bün ik dorbi bleven. Ok as de Kinner grötter un de Nachten liesen worrn. Dat is dat eenzig, wat överbleven is vun mien kinnerrieken slaaplosen Nachten. En Relikt.

„Hest du noch en Poor Ohrproppens för mi?" fraag ik also mien Dochter

„Kloor!", antert se, geiht in de Slaapstuuv un maakt dat Schuuv vun de Kommood apen. Se maakt en twete op. En drütte. Denn dreiht se sik na mi: „As dat utsüht, heff ik keen nee'e.

Aver du kannst mien hebben, de sünd kuum bruukt.“
Ik puust in. Ik puust ut. Is to hören. Ik sluut mien Ogen. „Geiht nich, gifft dat nich“, höör ik mien Mudder seggen. Sorry Mama, dat gifft dat. Dat gifft Saken, de gaht bi’n besten Willen nich. Ok nich för en Mudder. Dat mutt Saken geven, de sünd so undeelbor as Stan Laurel un Oliver Hardy. So unvergliekbor as de Stimm vun Whitney Houston. Ja, so unangriepbor as de Wöörd vun den Minschen. Jüst as:
Bruukte Ohrenproppens.
„Ach Mama, heff di nich so. Dat blifft ja in de Familie!“, spaaßt mien Dochter, „Is as mit dat Leed: Deelt is dat blots half so böös!“

Segg mal: „O!“

So, du. Siet Januar 2022 bün ik en Oma. Oma Bärbel. Dat klingt eerst Mal en lütt beten sünnerbor, wenn du dat hören deist: Dien egen Naam mit en „Oma“ dorvör. Mien Keerl hett seggt: „Oma“, du, dat geiht ja noch, avers „Opa“, ne, dat geiht gor nich!“
Apropos nömen: Mien Enkel sien Naam kunn ik mi ok swoor marken. Dor heff ik doch wohrhaftig en „Eselsbrüch“ för bruukt.

Maxwell Nathan heet he. Du, un denn denk ik jümmers an Kaffe, wenn ik mi an sien Naam erinnern will. Dat gifft nämlich en Kaffemark, de so heten deit. Also denk ik an Kaffe – un swubbs – hett mien Bregen de Naam vun mien Enkel funnen. Tschacka!

Wenn so en Enkel jüst op de Welt kamen is, denn kannst ja noch nich so veel mit em maken. Winnel wesseln un en lütt beten in'n Arm wegen un Kinnerwagen schuven – ja, dat geiht. Avers so richtig schöön warrt dat eerst, wenn de Enkel markt, dat Grootöllern Lüüd sünd, de een prima bruken kann: De hebbt jümmers Lust op di, Tiet to'n Spelen un Lüttgeld in de Tasch. Un de bringt di ganz veel Kreihenschiet bi, so as de Tung rutsteken oder in de Nees pulen oder mit en Strohhalm in de Tass to blubbern.

Mien Enkel, de so heet as en Kaffemark fangt jüst an to snacken. Un wat is woll en Woort, dat he ganz nödig lehren mutt? Wat?

„Maxy, segg mal: O …!“

„Ma!“, antert Maxwell un grient.

„Ne, mien Schietbüdel. Segg mal: O ….!“

„Ma!“, seggt he wedder un lacht.

„O.K., mien Jung, hest du fein maakt.“, seggt Oma Bärbel.

Lego-Eck

Un denn is dor noch düsse vertwiefelt Versöök, mit dat Geld uttokamen. Jüst nu, wo sik de Pries vun den dreefach konzentreert Tomatenmark verdubbelt hett. Oder weer dat dubbelt konzentreert Tomatenmark, dat sik verdreefacht hett? Egal. Dor kann man al gau mal de Översicht verleren. So as in dat Sockenschuuv. Oder in de Legokist, in de du düt Deel söchst, düt Deel, ahn dat du nich wiederkummst, wiel dat de Buplaan so vörsehn deit. De graue platte Eck schall dat ween. Mehr nich. Avers ok nich minner. Blots en simple graue flache Eck, Minschenskinner! Dat kann doch so swoor nich ween. „Söök mal mit", röppst du den Hund to, de di spannt tokiekt. Man, dat deiht he nich. Mitsöken. He kiekt di blots an. Dat is nich so, as wenn du dat nich weten deist, dat du düsse graue Legoeck nie nich finnst . Aver vör dien Enkelkind wullt du dat ja nich togeven, dat en utwassen Minsch an so en Opgaav vertwiefelt. Wat weer dat denn för en Armootstüügnis för een, de stolt is dor op, dat he ahn Smartphone opwussen is un ok hüüt nich in't Internet kieken mutt, wenn he en Papeerfleger basteln will. Wi sünd doch noch ut ganz anner Holt, mien Beste. Ja, so is dat mit de Vörbildfunkschoon. Geiht

ok nich so, as du wullt. Opletzt kippst du de Kist ut, verdeelst dat Lego op den Teppich un du finnst allens, wat du al so lang söcht hest: den dörsichtigen Verer, de blaue Döör, dat gele Scharnier, blots nich düsse graue platte Eck, de du jüst nu bruken deist. Un du fraagst di, worüm du nich to de Minschen höörst, de allens fein sauber in smucke Kastens mit lütt Facken na Farven un Formen sorteert, man so en All-In-Een-Kist-Minsch büst. Ja, dat sünd wohrhaftig de wichtigen Levensfragen, de vun Belang sünd, an de elkeen vun uns irgendwann stöten deit. Sühst. So ok de Fraag, wat toeerst an't Enn is: De Inkoopslist oder de Geldbüdel.
Dor stah ik also an de Kass un de Kasserer fraagt: „Hebbt se de App?“
„Welkeen vun de velen? Dor heff ik wat to beden: Pilatis, Videomaker, Kalorienteller, …“
„De vun uns Markt“, knippt de Kasserer mien Optellen af.
„Na kloor, lütt Momang!“
Ik hool den Barcode vun de App an dat Leesgerät. Dat liese Piepen seggt, de Transakschoon hett klappt.
„Velen Dank“, seggt de Kasserer un bekiekt sik den Bedrag an't Enn.
„Man schaad, se hebbt nix spoort“, seggt he un is bannig överrascht.

„Ach!“, segg ik heel bedrüppelt. „Kann doch gor nich ween!“
„All Coupons free maakt?“, fraagt de Verköper, de dor bannig an legen is, mi en Spoorbeleevnis to bescheren.
„Na Klaro!“
He kiekt nochmal op de Afreken un freut sik: „Se hebbt doch spoort! 2,35 Euro!
„Na sowat!“, freu ik mi mit em. Un wi strahlt üm de Wett över düssen Spoorerfolg, so as sik Hunnenbesitters freut, wenn ehr Wuffi buten en Hopen sett. Fein maakt!
„Oh, ik mutt mi korrigeren! Bi dat drütte Henkieken sünd dat 2,55 Euro“. Sien Strahlen warrt noch heller un nu bugseert uns dat beid in en Dusel, de sik blots denn instellen deit, wenn man so en Glücksdag hett, en „Run“:
„Tööv man, dor geiht noch wat. Ik heff en Pandgootschien!“, fallt mi kakenhitt in un wedel mit den Bon.
„Super, denn geiht nochmal 15,25 Euro vun de hele Summ af.“
„Is ja grandios!“, juuch ik luut. „Wenn se noch eenmal op de Endsumm kieken doot, is wohrschienlich gor nix mehr över, oder noch beter: heff ik sogor en Goothebben!“, lach ik frech.
„Jo, dat kann goot angahn“, schall dat ut dat Kassenhuus.

Un för en lütten Ogenblick is de Welt wedder in Ordnung. Düsse Ogenblick, de mi konzentreert Tomatenmark vergeten lett. Meist so goot, as dat Finnen vun so‘n platte graue Eck in en groot Lego-Kist.

Tyypsch Fru

„Du hest nu de eenmalig Gelegenheit, mit mi Quality-Time to tobringen.“, seggt mien Keerl. „Vertell mal wat...!“

Un ik so: „…“

„Normalerwies snackt Fruen doch as en Waterfall. Worüm büst du so untyypsch?“

„Bün ik dat?“ fraag ik trüch un denk: „Nerv nich, ik will nu kommodig mien Kaffe drinken un nich sabbeln.“

Meist weet mien Keerl, wat ik denk – ok wenn ik wat anners segg. Dat is de Tragik vun en Langtietverbunnenheit. Sik ahn Wöör verstahn. Echt mies.

Avers he hett recht: Mien Handtaschensammeln is bescheiden, mien Schohregal översichtlich, mien Fingernagels sünd kort un mien Hoor is nich farvt. Un jo, ik kann dörchut still ween. Ok den Huushoolt föhren un dat Kaken sünd för mi nich depe Freud,

man blots en övel Noot, äh … en nödig Övel.
Mi langt to'n Krüdern Solt un Peper. Egal, wat ik kaak: Braatkortüffeln, Frikadellen, Fisch oder Appelkompott: Solt un Peper. Mehr bruuk ik nich. Villicht en Pris Zucker, aver blots villicht. Mien Keerl aver hett en hele Schapp vull Krüderkraam: Bockshornklee, Krüüzkümmel, Kardamom, üm blots en Handvull to nömen. Wenn he kaakt, denkst du, du leevst nich in Stelle-Wittenwurth, man in Mumbai. Annerletzt geev dat bi em Frikadellen mit Ries un Rosenkohl, dorto en Kümmelsooß. Villicht mag he so geern experimenteren wegen uns Familientowass. Uns ne'e beste Swiegersöhn is en Half-Inder. Sien Kaaktalent un sien Fründlichkeit mööt in de Genen liggen. Ik heff ok Genen. Noorddüütsche.
Ik mag Solt un Peper. Un Kortüffeln. Un Röven. Un Rosenkohl. Avers nich mit Ries.
„Versöök eerst mal mien Sooß, ehr du di opfülltst", seggt mien Keerl nu jümmers vörsichtig, wenn he kaakt. He kennt mien Vörleef för dat Simple.
„Dor sünd Nelken binnen.", anter ik.
„Woher weetst du …?"
„Kann ik rüken."
„Du hest ja en echt fiene Nees.", freut he sik.

„Ne. De is nich besünners. Ik kenn bloots de Röök nipp un nau. Vun mien Arbeit. Wi hebbt en Tähnzement, wo Nelkenöölbinnen is. För de Roh in'n Nerv. Wenn so en Patschent op'n Stohl spaddelt as en Beveraal, denn kriggt he faken düssen provisoorschen Sluss mit Nelkenöölbinnen. Toeerst suug ik de Spütt af, so: Schhhhhhhhhhhhhhhhhhh. Denn röhr ik den Zement an un dorna rüükt de Dokterstuuv as en Backstuuv to Wiehnachten. Man blots, wenn de Mund frie vun Sabbel is, köönt wi den Zement in'n Tahn doon. Gifft Lüüd, du, de versuupt ja echt binah an egen Sabbel – överall Spütt-Fadens, kleevt as Spinnenweven. Un denn dörv de Patient noch mal utspiegen. Un dat is ja ok en Kunst, de nich jeedeen kann, dat Spiebecken dorbi ok to drepen. Aver den Smack vun dat Nelkenöölhett he eerst mal en lang Tiet in'n Mund."

„Na denn, Mahltiet!", seggt mien Keerl bannig eensülvig.

„Nimmst du keen Nelken-Sooß?" fraag ik.

„To veel Sabbel in dien Vertellen", antert he.

Menno, dat is wedder tyypsch: snack ik nich, is dat nich richtig. Un nu snack ik mal, denn is dat avers ok nich richtig. Un wat is al tyypsch Fru? Villicht is blots dat Klischee överhaalt un tyypsch is hüüt de, de den Hamer swingt un mit de Mistfork danzt. Een, de Zement anröhren kann – un dat nich blots in de Tähndokterpraxis, sünnern ok in de Mischmaschien. Un wenn dat nich tyypsch Fru is, denn is dat liekers tyypsch.

Tyypsch ik!